AF307595

FSC
www.fsc.org
MIX
Papier aus ver-
antwortungsvollen
Quellen
Paper from
responsible sources
FSC® C105338

Höëwingen

Eine Ermittlung zur
frühen Geschichte eines Dorfes

Walter Wolf

Meinem Volksschullehrer Paul Hähner gewidmet, der mir als Schüler des dritten Jahrgangs mit dem Besuch der Ausgrabungen eines mittelalterlichen Rennfeuerofens im „Dicken Berg" in Altenhof Augen, Herz und Verstand für die Geschichte meines Herkunftsortes geöffnet hat.

Impressum

Bibliografische Information der Deutschen Nationalbibliothek: Die Deutsche Nationalbibliothek verzeichnet diese Publikation in der Deutschen Nationalbibliografie; detaillierte bibliografische Daten sind im Internet über http://dnb.dnb.de abrufbar.
© 2021 Walter Wolf
Cover: Walter Wolf   Autorenfoto: Birgit Engel
                            Coverfoto: Peter Wolf (1954)

Herstellung und Verlag: BoD – Books on Demand, Norderstedt
ISBN: 9783754328644

Inhalt

Autor:

Walter Wolf, Jahrgang 1951, Studium der Pädagogik, Soziologie, Psychologie und Katholischen Theologie; bis zum Ruhestand Bildungsarbeiter und Leiter von Bildungshäusern; 50 Jahre ehrenamtlich im sozialen, verbandlichen und kirchlichen Bereich, zuletzt als Geschäftsführer und Referent im Heimatverein für das Drolshagener Land.

Veröffentlichungen vor allem zu innovativen konzeptionellen Themen. Diverse Fachartikel zu regionalen, politischen und historischen Themen. Zuletzt „HeimatNeuDenken" (BoD 2021) und „Pemberdayaan – Eine Lebensgeschichte" (BoD 2021)

Vorwort

Was mag das für ein Dorf sein, das heute „Altenhof" heißt, das im Mittelalter mal „Aldenhoff", mal „olden Have" und mal schlicht „Hoff" oder „Hove" benannt wird, das aber den Mundart Sprechenden als „Höëwingen" geläufig ist? So geläufig, dass heute im Ort selbst der „Njuslätter" „Höëwinger Teijdung" auf geschichtliche oder aktuelle Ereignisse aufmerksam macht und die Einheimischen sich durchweg – sofern sie Dialekt sprechen – als „Höëwinger" bezeichnen?

Ich stamme selbst aus diesem Dorf, was für eine Recherche über dessen Geschichte von unschätzbarem Vorteil ist, da ich als Suchender und Forschender sowohl mit den örtlichen Gegebenheiten, den Flur- und Hausnamen sowie dem Dialekt des „Wendschen Platt" von Kindesbeinen an vertraut bin. Damit konnte ich die oft mehr oder weniger allgemeinen Aussagen über historische oder sprachwissenschaftliche Fakten meist leicht zurückbinden an die örtliche Praxis.

Durch einen eher zufälligen persönlichen Kontakt zu Mitgliedern des Dorfverschönerungsvereins Altenhof, einem anders als viele Heimatvereine überwiegend dem mittleren Erwachsenenalter angehörigen Kreis engagierter Personen, fühlte ich mich herausgefordert, mehr über die Geschichte dieses, meines Dorfes herauszufinden. Ich wollte aber kein weiteres Buch aus bereits vorhandenen zur Geschichte von Höëwingen schreiben, sondern Unbekanntem nachspüren.

Da kam mir ein Vorhaben als Vorstandsmitglied und Referent des Heimatvereins für das Drolshagener Land zugute. Ich hatte für unser Jahresprogramm eine Wanderung zu den Wüstungen rund um Drolshagen vorbereitet und stieß dabei – man muss sagen erneut – auch auf die Grundlagenwerke zu den Wüstungen im Südsauerland, nämlich auf die Ausführungen von Günther Becker, der mir auch persönlich bekannt ist. Und in diesen Ausführungen stand auch der kleine Abschnitt über eine Wüstung, die er als „Hövingen" bezeichnete. Dies war nun die Initialzündung, der Geschichte dieser Siedlung und meines Herkunftsortes nachzugehen.

Wie aber sollte dies vor sich gehen, da es keine weiteren Forschungsergebnisse zu Hövingen gab, keine Dokumente vorlagen oder Ausgrabungen Gewissheiten geben konnten. Ich habe daher ein Arbeitsprinzip der Geschichtsforschung angewendet, auf das Raimund Quieter aufmerksam macht, „das die Möglichkeit wahrnimmt, Wissenslücken in älteren historischen Zusammenhängen durch eindeutige Zeugnisse aus späterer Zeit auszugleichen, um so das Gesamtbild zu erschließen"[1].

Ich habe daher diese Abhandlung eine Ermittlung genannt, habe die wenigen Fakten zusammengetragen, Indizien gefunden und gewertet, Rückschlüsse gezogen und Vermutungen begründet aufgestellt. Am Ende steht nun die Darstellung einer Frühgeschichte des Ortes als einer fränkischen Gründung, Teil der Westfälischen Geschichte, der trotz politischer und konfessioneller Gegensätze mit dem benachbarten Siegerland eine Fülle gemeinsamer kultureller Eigenheiten, ja sogar Sprache teilt. Das „Wendsche Platt" wurde zu einem Schlüssel, die Herkunft der Siedlung in die Mitte des ersten Jahrtausends zu bestimmen.

Da in den Recherchen auch so viel über das „Wendsche Platt" herauskam, habe ich entschieden, dies ausführlicher in einem ebenso kleinen Buch wie diesem herauszubringen. Beide Bücher entstanden parallel und beziehen sich aufeinander.

Nun viel Spaß beim Lesen.

Drolshagen, im Sommer 2021   Walter Wolf

---

[1] *Quieter, Raimund: Wenden in Mittelalter und Früher Neuzeit, S. 73; Weitere Angaben siehe Literaturverzeichnis*

Höëwingen – Eine Ermittlung zur frühen Geschichte eines Dorfes

Einleitung

Als unsere Tochter von ihren Studienkollegen*innen in Innsbruck gefragt wurde, wie denn das Sauerland rund um ihre Heimatstadt Drolshagen aussähe, antwortet sie augenzwinkernd: „Wie das Auenland im Herr der Ringe". Um dann schmunzelnd zu ergänzen: „Und mein Vater kommt aus einem Ort, der Höbbingen genannt wird. Aber mein Vater ist kein Hobbit"[2]. Auf einer Karte des Sauerlandes würde man diesen Ort nicht finden, aber fragt man jemanden, der im Wendschen groß geworden und der Mundart noch mächtig ist, bekommt man zur Antwort... Ja, was eigentlich?[3]

Wie kommt es dazu, dass vor allem ältere Personen aus Hünsborn, Ottfingen, Wenden oder Möllmicke und die Altenhofer selbst ihren Ort Höëwingen nennen und die Bewohner als Höëwinger bezeichnen, manchmal sogar in der typisch Wendschen Artikulation das „w" ganz nah an ein weiches „b" heranrücken, weshalb manche auch von Höëbbingen[4] sprechen? So ist es mir gegangen, als ich als Jugendlicher mit Freunden Jugendarbeit in Hünsborn machte und von den Älteren in „Hünschbern" liebevoll als „dä Höëbbinger Jung" bezeichnet wurde.

---

[2] *Der Ort in Tolkiens Original heißt Hobbinton und wurde passend mit Hobbingen übersetzt. Passend insofern, als die Endung –ingen eine gemeingermanische Bezeichnung für „ein Ort wo..." bedeutet, also der Ort, wo die Hobbits wohnen.*
[3] *„Dat weische nit? Dat is de Ahlenhoff." (Wendsch Platt)*
[4] *Das Wendsche Platt kennt viele Mittellaute wie z.B. w-b, j-ch. Siehe dazu auch Wolf, W. „Das Wendsche Platt – Eine Ermittlungsreise zu den Quellen" BoD 2021*

Verfahren als Ermittlungsprozess

Machen wir uns auf eine Reise, dieses offensichtliche Geheimnis ein wenig zu lüften. Ich lade ein, dies in der Form einer „Ermittlung" zu tun, wie man sie aus Kriminalromanen kennt. Beginnen wir mit den vorhandenen Fakten, berücksichtigen wir vorhandene Indizien, ziehen wir Rückschlüsse, gebrauchen wir Analogien und analysieren die Kontexte für die Siedlung und den Siedlungsnamen „Höëwingen". Und am Ende soll ein Urteil stehen. Und ich bitte den Leser, das „Einspruch, Euer Ehren!" bis zum Schluss zurückzuhalten. Also, beginnen wir. „Wimme ëis aanfangen," würde der Höëwinger sagen.

Fakten

Welche Fakten liegen vor, auch wenn sie noch keinen inneren Zusammenhang haben und wie bewerten wir diese? Da ist zunächst die Eigentümlichkeit im Wendschen Platt, dass Altenhof als Höëwingen bezeichnet wird und dies neben der Bezeichnung „Ahlenhoff" oder noch einfacher „vam Hoaff" gebraucht wird. Wir werden sehen, dass diese Bezeichnungen jeweils mit einer bestimmten Zeit und Personenkreisen zu tun haben. Selbst der „Aborigines" von Altenhof bezeichnet sich als Höëwinger, nicht zuletzt gibt der engagierte „Verein zur Förderung von Dorfgemeinschaftsaufgaben in Altenhof e.V." eine „Njuslätter" heraus, die „Höëwinger Tëijdung - koëschtet nix".

Offensichtlich ist im Gedächtnis der Wendschen Mundart Höëwingen noch existent und wird eindeutig mit dem heutigen Ort Altenhof in Verbindung gebracht. Ob es nur ein anderer Name für den Ort ist, werden wir noch erörtern. Zur Methode greife ich auf die 1920 erschiene Analyse „Die Siedlungen des Kreises Siegen"[5] des Siegener

---

[5] Heinzerling, Jakob: „Die Siedlungen des Kreises Siegen"; Siegen: Verlag des Vereins für Heimatkunde und Heimatschutz im Siegerlande samt Nachbargebieten,

Mundartforscher Jakob Heinzerling zurück, der selbst der Siegerländer Mundart mächtig war. Er stellt klar, dass sich über den Rückgriff auf die mundartliche Form eines Ortsnamens der ursprüngliche Lautbestand und die diesem entsprechende hochdeutsche Form am besten herstellen lässt[6]. Dies werde ich nun auch.

Dass eine Mundart[7] – hier das Wendsche Platt – über Jahrhunderte zentrale Begriffe tradiert, lässt sich an weiteren Beispielen erläutern. So wird der Ort Hünsborn im Wendschen als „Hünschbern" bezeichnet und liegt damit ganz nah an den ersten dokumentierten und ursprünglichen Bezeichnungen von 1293, wo der dortige Gutshof bzw. das Hofgericht „curtis in Hunsbern"[8] genannt wird. In dieser Siedlungsbezeichnung steckt das nach dem Mittelalter nicht mehr benutzte Wort „ber" für Wald[9], was wiederum in der Bezeichnung „Berg" für Wald auftaucht. Wenn einer im Sauer- oder Siegerland in

---

1920. Heinzerling war Mundartforscher und Gründer dieses Vereins. Er promovierte 1871 in Marburg über die Siegerländer Mundart.

[6] Ich werde auf seine grundlegende analytische Arbeit später wieder zurückkommen. Den Ansatz vertritt auch Rein, Charlotte vom Landschaftsverband Rheinland.

[7] Ich werde aus rein stilistischen Gründen die Begriffe Mundart, Dialekt und Platt auch synonym verwenden, wenn es um die Sprache im Wendener Land geht.

[8] U.a. Scheele, Norbert: „Vom Hofesgericht in Hünsborn". In: Heimatstimmen aus dem Kreis Olpe 96/97. Berücksichtigt man zudem, dass im Wendschen Platt innenliegendes „–s-" hochdeutscher oder auch westfälischer Worte als „–sch-" gesprochen werden –z.B. Fenster = Finschtern – entspricht der Ortsname noch der mittelalterlichen Form.

[9] Flöer, Michael: „Die Ortsnamen des Kreises Olpe". Verlag für Regionalgeschichte, Bielefeld 2014, S. 264 „Eine weitere, semantisch und topographisch näherliegende Möglichkeit besteht darin, das BW mit einer Bezeichnung für 'Wald' zu verbinden, die in ae. bearu, bearo, me. berwe, barou '(kleiner) Wald, Hain, Gebüsch, Gehölz' überliefert ist. Im appellativischen Wortschatz des Dt. hat sie sich nicht erhalten. Sie ist jedoch in der neueren Forschung u.a. in einigen nds. und westfäl. ON festgestellt worden."

den Berg geht, verschwindet er nicht in einer Höhle oder Grube, sondern geht zum Arbeiten in den Wald. Auch der „Hauberg"[10] ist hier zu nennen oder der „Dicke Berg" in Altenhof und der „Hengstenberg" in Grevenbrück, beides Waldstücke in Tallagen. Ein weiteres Beispiel: Krombach heißt noch heute im Wendschen Platt „Krummicke". Dies entspricht lautgetreu der Ausführung in einer Schenkungsurkunde aus dem Jahr 1473, in der es heißt, dass der Schenkende „wohnhaft zu Krummycke"[11] sei. Ein letztes Beispiel: Vornehmlich am Sonntag, wenn die Nebenerwerbsbauern nicht zur Arbeit mussten, wurden bis in die fünfziger Jahre auch die Kühe auf den grasbewachsenen Zuwegen zu den Feldern, an den Böschungen („dän Ubern"[12]) oder der Aanewenge gehütet. Für dieses Tun gab es einen eigenen Namen: „proden", wobei das „p" leicht an ein „b" erinnert. Ich habe diesen Begriff früher oft in Altenhof gehört, aber nirgend wo sonst gefunden. Die Verwandtschaft zu „pratum" = die Wiese ist unverkennbar[13].

Möglicherweise ist dies auch ein erster Hinweis auf den fränkischen Ursprung des Wendener Dialekts, das über diesen auch aus dem Vulgär-Lateinischen übernommene Lehnwörter besitzt, wie u.a. der Pütz[14], wie der noch in den 50ger Jahren für die Wasserversorgung

---

[10] *Diese Bezeichnung taucht zu einer Zeit auf, in der man auch „Hunsbern" gebrauchte.*

[11] *Quieter, Raimund: „Wenden in Mittelalter und Früher Neuzeit"; in Böhler, Karljosef u.a.: „Wenden – Einblicke in die Geschichte" Wenden 2012, S.102*

[12] *Rheinisches Wörterbuch: Ufer: „grasbewachsener Abhang, Böschung an Wegen u. Feldern; abschüssiger Teil od. Ende einer Feld- od. Wiesenparzelle (synon. sind Rain, Rech u. z. T. auch Klif); diese Bed. dürfte im Rheinland die ursprüngliche sein; borr den U. oberhalb der Böschung; bonger dem U. unterhalb d. U.; Im Olper Platt: Auwert, pl. Eiwers; „Ufer", Rheinisches Wörterbuch, digitalisierte Fassung im Wörterbuchnetz des Trier Center for Digital Humanities, Version 01/21, <https://www.woerterbuchnetz.de*

[13] *Auch Wiemers, Fritz weist darauf hin; kein Bezug zu „proden" im Rheinland, was „prahlen" meint. Wiemers, Fritz: „Heimatbuch des Amtes Wenden", Wenden, o.J.*

[14] *Moselfränkisch und westfälisch*

Altenhofs notwendige Dorfbrunnen genannt wurde. Hier liegt lateinisch „puteus" zugrunde. Ein weiterer Hinweis ist die ältere Bezeichnung für das hochdeutsche „Metzger", der im Wendschen Platt „Mätzeler" genannt wurde. Dazu im „Atlas Deutsche Sprache": „Metzler ist auf lat. macellarius ›Fleischhändler‹ (zu macellum ›Fleischmarkt‹) zurückzuführen. Das Wort ist heute nur noch in wenigen Inseln vorhanden; sein Zentrum dürfte im Rhein-fränk. gelegen haben, von wo aus es sich auf Kosten des älteren Fleischhauer ausdehnte"[15].

Auch Hausnamen werden über Jahrhunderte tradiert, wie eine Familie „Peick" in Hünsborn bereits im Mittelalter erwähnt wird, obwohl sie längst andere Namen trägt oder der „Hausname" meiner Oma, die eine geborene Alfes war, „Pampuses" lautete, wie der erste, aus rheinischem Adel stammende Richter in Wenden Josef Heinrich Pampus[16]. Der Dialekt hat also ein langes, meist auch präzises Gedächtnis.

Gibt es für die Annahme, dass Höëwingen existiert hat und erst recht, dass es bei Altenhof gelegen hat, auch handfeste Nachweise? Günther Becker, einer der ausgewiesensten Kenner regionaler Geschichte im Kreis Olpe, hat 1961 eine Studie über die Wüstungen im Kreis Olpe erstellt und sich später auch mit weiteren Wüstungen im

---

[15] *König, Werner: „dtv-Atlas Deutsche Sprache". Mit 155 Abbildungsseiten in Farbe, Grafiker Hans-Joachim Paul, 14., durchgesehene und aktualisierte Auflage, München: Deutscher Taschenbuch Verlag, 2004. S. 171*
[16] *Ob es hier auch verwandtschaftliche Beziehungen gibt, ist bislang nicht geklärt. Hin und wieder wurden auch Hausnamen nach dem ursprünglichen Besitzer oder Erbauer eines Hauses gebraucht wie für die Familie Brüser in Altenhof, die als „Stollacken" bekannt ist. Der Erbauer des Hauses war ein Stahlhacke. Der Name Stahlhacke ist jedoch ein ursprünglich und nahezu ausschließlich auf das Gebiet von Drolshagen begrenzter Familienname. Im Platt werden Namen oft ein –s angehängt, um eine Zugehörigkeit und Abstammung zu kennzeichnen: z.B. Lenards – die zu Leonhard gehörigen oder Stoffels – zu Christoph gehörig. Daher auch hier: Pampuses.*

Hochsauerlandkreis, u.a. in der Gegend um Schmallenberg befasst. Die „Wüstungen des Südsauerlandes" wurden in mehreren Folgen in den Heimatstimmen des Kreises Olpe veröffentlicht und gehören bis heute zum Basiswissen zu diesem Thema[17]. Dass ihn dies heute als alten Mann immer noch bewegt, hat er in einem Gespräch bewiesen, als ich ihm im Herbst 2020 ein Foto eines digitalen Geländemodells[18] von der Stelle zugeschickt hatte, an der er die Siedlung Höëwingen verortete. Es war die Quellmulde, die in Altenhof „Im Wäldchen" heißt. „Eindeutig Ackerterrassen" hatte er auf dem sehr plastischen Bild ausgemacht. Tatsächlich sind an dem Südosthang oberhalb der Mulde deutlich von Menschen angelegte terrassenförmige Abstufungen zu erkennen, die bis an den bebauten Bereich des Dorfes herangehen und zum Teil überbaut worden sind[19]. Die Gewissheit, dass es sich hier um den ehemaligen Standort einer Siedlung, vermutlich auch nur eines Einzelhofs, handelt, war und ist für ihn weiterhin sehr hoch. Letztgültig bewiesen werden könnte es jedoch nur, wenn Prospektionen (archäologische Ausgrabungen) die Existenz von Stützmauern der Ackerterrassen oder Steinlesehaufen oder gar Nachweise von Gebäuden erbrächten.

Die Ackerterrassen sind auch im Messtischblatt Nr. 2914 „Wenden"[20] von 1898 erkennbar. Der Hang wird heute noch als Weide genutzt.

---

[17] *Becker, Günther: „Die Wüstungen des Südsauerlandes" 17 Teile. In: Heimatstimmen aus dem Kreise Olpe [1] 28 (1957), S. 1464-1469; [2] 29 (1957), S. 1531-1536; [3] 30 (1958), S. 1568-1578; [4] 31 (1958), S. 1620-1627; [5] 32 (1958), S. 1679-1685; [6] 33 (1958), S. 1732-1737; [7] 34 (1959), S. 16-21; [8] 35 (1959), S. 56-59; [9] 36 (1959), S. 83-91; [10] 37 (1959), S. 130-134; [11] 38 (1960), S. 24-28; [12] 39 (1960), S. 84-87; [13] 40 (1960), S. 118-123; [14] 41 (1960), S. 175-179 und S. 182-183; [15] 43 (1961), S. 192-197; [16] 44 (1961), S. 236-242; [17] 45 (1961), S. 284-294*

[18] *Siehe Abbildung weiter unten*

[19] *Ich habe diese im Dezember 2020 auch fotografisch dokumentiert. Siehe weiter unten.*

[20] *Abbildung Seite 13*

Das Messtischblatt zeigt aber auch, dass im Gegensatz zu heute Ende des 19. Jhds. der Standort von Höëwingen bis auf die Höhen bewaldet war. Der Wald ist nur noch in einem jungen Restbestand unmittelbar im Quellbereich vorhanden. Gut erkennbar ist auch heute noch der Zusammenfluss zweier Quellen zu einem namenlosen Bach, die als einzige das im Boden gespeicherte Grundwasser an die Oberfläche bringen, genügend, um das notwendige Wasser für Mensch und Tier in einer kleinen Siedlung zu liefern.

Ackerterassen im Pfossental / Südtirol

Wie aber kam Becker auf diesen nun wohl bestätigten Standort der Siedlung Höëwingen, die er, der Sauerländer, „Höfingen" (mit „f" gesprochen) nennt. Noch wenige Jahre vorher hatte der sauerländische Geschichtsforscher Albert K. Hömberg in den Heimatstimmen von der „Wüstung Hofingen bei Hünsborn" gesprochen.

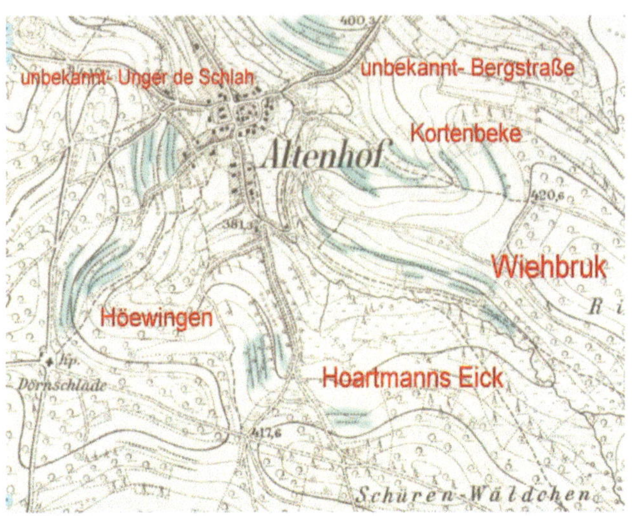

Mögliche Ackerterassen rund um Altenhof – markiert auf dem
Messtischblatt Nr. 2914 „Wenden" von 1898 durch den Verfasser

Beide gehen von der Beschreibung in dem Dokument von 1740 aus, in dem „Hovingen" geschrieben wird. Becker legte dieses Dokument für seine – nun auch bestätigte - Annahme zugrunde.[21]

In dem „Heimatbuch des Amtes Wenden", herausgegeben von Fritz Wiemers, schreibt Norbert Scheele über die Grenzen des Hünsborner Hofes: „Von dem Jahre (1740, der Verf.) liegt eine genaue Grenzbeschreibung des Hofes vor. Als Grenzpunkte sind u.a. genannt: ... alte Hecke – Hünsberg – Stemmicker Gut – Kirchenweg – die Repe - ... Hofinger Schläfen – Heiligenhäuschen – Höfinger Schlag oben der langen Straßen – alter Weg auf Hartmanns Eick ..."[22].

---

[21] Becker, Günther: „Die Wüstungen des Sauerlandes – 15. Fortsetzung". In: Heimatstimmen aus dem Kreis Olpe, 11. Folge Nr. 3 Juli/ September 1961 S. 237: Hömberg, Albert K.: „Wo stand die älteste Pfarrkirche des Olper Landes?". In: Heimatstimmen aus dem Kreis Olpe 27. Folge Nr. 2 S. 1427, Fußnote 12
[22] Scheele, Norbert „Geschichtliches über Hünsborn" in Wiemers, Fritz „Heimatbuch des Amtes Wenden" S. 393.

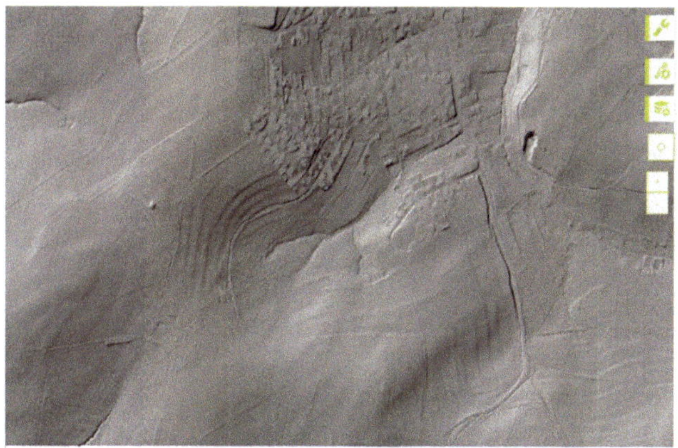

Geländeprofil der ehemaligen Siedlung Höewingen.
Quelle: Geoportal nrw
Deutlich sichtbar die Ackerterrassen, die bis an den Dorfrand gehen

Die in diesem Dokument erwähnten Fluren sind auch heute noch definierbar. Es weist aber vor allem darauf hin, dass in den Flurnamen Hinweise auf eine Siedlung Höëwingen gegeben werden, wie auch zu dem ebenfalls wüstgefallenen Gut Stemmicke, das zu Wenden gehörte, nicht aber, dass es eine Gemarkung „Höëwingen" gibt.

Lage der Grenzbezeichnungen (Auswahl), eingezeichnet in das Messtischblatt von 1889. Der Hövinger Schlag konnte mittlerweile auf einer Urkarte im Rahmen der Separation 1908 identifiziert werden

In einem Lagerbuch des Hauses Waldenburg von 1691, also noch 50 Jahre früher, werden die Flurstücke ebenfalls erwähnt. „...gher Hoff Hünsborn auf den umbliegnden Kanten ahn mit seinem Zeichen ... von der alten Hecken auf den Hünsberg (gemeint sein könnte dabei der Heerweg auf Altenhofer Gebiet, d. Verf.) ... auf die Dornschladen, von der Dornßlade bis auf den Höwinger Schlag, von dem Höwinger Schlag auff die Harmiß Eyck (Hartmanns Eiche, d. Verf.)...“[23] Hier also Höëwingen mit „w“.

Flurnamen auf „-ingen“ verweisen immer auf eine – auch untergangene - Siedlung, wie in Wenden die Wüstung „Deplingen“, die heute zu einer Straßenbezeichnung im Ort oberhalb des alten Siedlungsstandorts geworden ist. Bemerkenswert ist, dass anders als die Flurstücke der „Wohmelinge“, „Deplingen“ oder die anderen im Wendener Land wüstgefallenen Siedlungen Höëwingen nicht als Flurbezeichnung, sondern als Name für einen Ort auftaucht.

Aus dem Dokument ist auch zu schließen, dass die Höhen des Hünsberges, der Anhöhe, auf der die Dörnschlade steht und die Luftlinie nur hundert Meter vom vermuteten Standort der Siedlung Höëwingen liegt, bewaldet waren. Dieser Wald muss nach Schilderungen meiner Mutter (1925 -2014) noch zu ihrer Kinderzeit als Hochwald gestanden haben. Hier könnte es sich um eine schon länger zurückliegende Wiederbewaldung der Flur handeln.

---

[23] *Archiv Herdringen, Lagerbücher von Waldenburg und Hengstebeck, Nr. 1537, hier Bl. 34; zitiert nach Quieter, Raimund, 2012; S 113; auffallend: hier ist von Höëwingen mit einem w die Rede, was auch der heutigen Sprachweise entspricht*

Ackerterrassen oberhalb der ehemaligen Siedlung Höëwingen
Dez 2020

Warum aber ist der Hof Kortenbecke bei Altenhof 1416 als Lehnsgut des Klosters Herford erwähnt, Höëwingen aber nicht? Der Hof Kortenbecke gehörte über den Haupthof Wenden zum Herforder Amt Schönholthausen. „Im ... Güterverzeichnis des Amtes aus dem Jahre 1416 ist diese Siedlung, die den Namen Kortenbeke trug, zum ersten Mal erwähnt. Damals wurde der Hof von einem Bauern namens Lotze bewirtschaftet"[24]. 1521 wird die Lage genauer beschrieben: „ ...Kortenbeck, ton olden Have in dem Kerspel to Wenden, horich in dat Ampt Schonholthusen..."[25].

Von Höëwingen ist keine Rede, als Orientierung wird nur der „olde Have" genannt, ein Adjektiv „alt" zum „Hof", kein Eigenname, wie er

---

[24] *Staatsarchiv Münster, Herforder Güter, Akten Nr. 627 von 1416 „Curia Wenden, alias Deplynghen, der Cultor Kroser Quadvasel...Kortenbecke: cultor Lotze" zitiert nach Quieter, R. 2012 S. 97*
[25] *Darpe, F.: Codex Traditionum Westfalicarium IV, S.322, zitiert nach Becker, G., 1961, S 197*

15 Jahre später in den Schatzungsregistern von 1536[26] als „Aldenhof-fen" genannt wird. Andere Höfe wurden mit eindeutigen Bezeichnungen erwähnt wie „Stendenbecke", das spätere Stemmicker Gut, oder der Hof Wenden, genannt Deplingen. Höëwingen wird auch nicht im Schatzungsregister aufgeführt. Auffällig ist zusätzlich, dass die Siedlung Kortenbeck mit einem „zu"[27] und Dativ an den alten Hof gekoppelt wird, also „Zu-gehörigkeit" signalisiert, während eben jener Hof als „in dem Kerspel Wenden" das wiederum „in" das Amt Schönholthausen ge-„hört"[28].

Auch in einem anderen Dokument von 1629 wird der ältere Name deutlich, wo ein „Claeßers Johantgen zum Houe"[29] erwähnt wird. Noch früher, in einer Urkunde vom 25. November 1481, wird als

---

[26] *Historische Kommission Westfalens: Die Schatzungsregister des 16. Jahrhunderts für das Herzogtum Westfalen - Teil 1 - Die Register von 1536 und 1565, 1971 S. 213*

[27] *Der Präposition „zu" liegen zwei ältere Formen zugrunde und zwar in betonter Stellung tō (asächs. tô, mnd. tô, mndl., ndl. toe, ahd. zûo, zûa, mhd. Lexer zûo) u. in unbetonter Stellung te (asächs. ti, mnd. te, ahd. zi, za, mhd. Lexer ze); Hier liegt eine betonte Stellung vor, sodass „tō" gebraucht wird, das mit dem Artikel verschmilzt (wie im Neuhochdeutschen). Bei Ortsnamen ist die neuhochdeutsche Bedeutung: „in". (z.B. auch im Nordsiegerländischen ze Letfe (Litfeld)). Quelle; Rheinisches Wörterbuch, Bd. 9, S. 837f*
In Verbindung mit einem Namen bezeichnet „zu" im Mittelalter immer eine Wohnstättenbezeichnung. Auch gebräuchlich in Adelsnamen „von und zu".
In weniger betonter Stellung treten in der (Wendener) Mundart andere Wörter ein wie „bei" in „Komm mal bei mich" – „Kumm ëis bej mick" oder auch „gegen" – „chänn" oder „für" – „föer" wie: „Hä säete chänn mick" oder „Hä säete föer mick".
[28] *Hier ist die westfälische Form erkennbar, die ohne eine Vorsilbe auskommt. Statt „gehört mir" heißt es „hört mir". So auch im fränkischen Wendschen Platt, auch wenn das Partizip Präsens anders als in den niedersächsisch / westfälischen Dialekten mit „je-" gebildet wird.*
[29] *In den 50yer Jahren hatte eine Familie in Altenhof den Beinamen „Klösers". Sie bewohnte nach meiner Einschätzung das älteste Haus im Ort, das als Einhaus auf der einen Längsseite den Stall und diesem gegenüber den Wohnbereich aufwies, der über den Stall zugänglich war. Beide Varianten der Nachnamen sind von Nikolaus abgeleitet.*

Zeuge eines Verkaufs eines Guts zu Girkhausen unter anderen ein „Luckelen Heyn van dem Hove"[30] genannt. Ausgehend von dieser Form des Ortsnamens schließt Michael Flöer in „Die Ortsnamen im Kreis Olpe" zu Altenhof: „.... das BW (Bestimmungswort, der Verf.) steht im Dat. Sg., was eine ursprüngliche Flexion auch des GW (Grundworts, der Verf.) voraussetzt und darauf schließen läßt, daß die Benennung auf einer Fügung wie *by/to/up dem alden hofe 'beim/zum/auf dem alten Hof' beruht"[31]. Für die Benennung „Hof" sprechen auch Dokumente aus dem frühen 16. Jhd., die 1987 bei der Restaurierung der Wendener Kirche im alten Sakristeischrank gefunden wurden[32].

In diesen Dokumenten ist nicht – wie im Schatzungsregister – von einem Ort „Aldenhoff" die Rede, sondern in verschiedenen Schreibweisen immer nur von <u>dem</u> Hof, auch nicht von <u>einem</u> Hof, der einen Personennamen oder eine Flurbezeichnung hätte. Am Beispiel des auch im Schatzungsregister von 1536 und 1565 genannten Jost Piper wird dies im Folgenden aufgezeigt, wobei auch die Schreibweise seines Namens und des Ortes variieren: 11. November 1546- Jost Piper zum Hove[33]; 11 November 1547 - Jost Picker[34]; 8. Dezember 1555 - Jost Piffer tzo Hauffe[35]; 1561 (unklares Datum) - Jost Piper zu Hofe[36], wobei eine andere Person im selben Dokument genannt wird: Thoneß Rademacher zu Aldenhof[37]. Nach dem 30. November 1563, also

---

[30] Quieter, R., 2012 S. 100

[31] Flöer, M. 2014 S. 25.

[32] Karl Jung hat mir um 1990 sehr ausführlich und begeistert persönlich von diesem Fund erzählt. R. Quieter geht ausführlich auf diese Dokumente in seinem Beitrag „Vom Mittelalter zur Neuzeit" ein. Aus diesem Beitrag zitiere ich im Folgenden.

[33] Quieter, R. 2012, S. 157

[34] Quieter, R. 2012, S. 157

[35] Quieter, R. 2012, S. 157

[36] Quieter, R. 2012, S. 159

[37] Quieter, R. 2012, S. 159

nach der Erstellung der Schatzungsregister, wird in den Dokumenten Aldenhofe[38] geschrieben, am 11. November 1574 wird jedoch noch einmal Peter Schmidt zum Alten Hove[39] genannt. Es scheint also eine Entwicklung von „Hof" zu „Altenhof" gegeben zu haben. Wie konnte es dazu kommen?

Im ersten Schatzungsregister 1536 werden 15 Schatzungspflichtige plus 2 Hirten erwähnt, im zweiten 1548 17 Schatzungspflichtige, zusätzlich die 2 Hirten, während im Haupt- und Kirchort Wenden 23 Schatzungspflichtige plus 2 Hirten bzw. 24 plus Hirte und der offensichtlich nicht besteuerte Johann Heinrich Pampus (1500 – 1570), eingesetzter Schultheiß, angeführt werden. Diese im Schatzungsregister aufgeführte Siedlung „Aldenhoffen", die im 16. Jahrhundert eine Größe erreicht hat, die mit denen der anderen im Wendener Land vergleichbar und nur 6 Hausstellen kleiner als der Haupt- und Kirchort Wenden ist, wird also bis Mitte des 16. Jahrhunderts nur „Hof" genannt. In einem Dokument vom 8. Juli 1490 werden Hans Horn, Wilhelm Neite und Johann Sellen „zu dem Alden Hoffe"[40] erwähnt, also ein weiterer Hinweis, dass es sich um einen alten Hof, noch nicht um ein „Altenhof" handelt. Eine Abgrenzung zu einem neuen Hof, wie es M. Flöer annimmt[41], ist auszuschließen, da nach dem jetzigen Kenntnisstand im Wendener Land keine neue Siedlung aus einem Hof gegründet wurde, zumal auch weitere Einzelhöfe wüstgefallen waren. Die Bezeichnung als „Oldenhave" in einem Lagerbuch des Klosters Herford von 1550[42], in dem auch ältere und

---

[38] *Quieter, R. 2012, S. 159*

[39] *Quieter, R. 2012, S.161*

[40] *Quieter, R. 2012, S. 104*

[41] *„In Verbindung mit einer Hofbezeichnung könnte das BW ursprünglich der Abgrenzung von einer oder mehreren anderen, neueren Hofstellen gedient haben, etwa nach einer Hofteilung oder bei Ausweitung der Siedlung. Doch das bleibt eine Vermutung." Flöer, M, 2014 S 25*

[42] *Darpe, Franz - Codex traditionum westfalicarum – 1892*

vormalige, also nicht aktive Besitzverhältnisse angegeben waren, greift auf mindestens 100 Jahre früher zu datierende Verhältnisse zurück. In diesem Dokument ist nämlich im gleichen Satz auch „Harnscheid", die Siedlung Herrnscheid bei Drolshagen, genannt. Diese ist jedoch nachweislich 1477 mit der Stadtgründung von Drolshagen aufgegeben worden und wüst gefallen[43]. „Oldenhave" ist also eine Bezeichnung aus dem 16. Jahrhundert und greift eine für diese Zeit geltende, nicht eine ursprüngliche Variation des heutigen Ortsnamens „Altenhof" auf. Dass retrospektiv und mit der späteren Schreibweise argumentiert wird, ist auch auf die im gleichen Satz verwendete Form von „Girkhausen" zu schließen. Würde es sich um ein Dokument aus der Mitte des 15. Jahrhunderts handeln, würde die Siedlung „Gherynghusen" (1416) oder „Girchusen" (1501) genannt. In der Schatzungsliste heißt sie noch „Geringkhuißen" (1536) bzw. „Gerringhaußen" (1543), in dem Lagerbuch lautet es jedoch „Gerkhusen", was in dieser Form erst 1582 auftaucht.

Es scheint also, dass das Dorf bis Mitte des 16. Jahrhunderts im unmittelbaren Umfeld des Wendener Landes lediglich als „Hof" bekannt war. Das Adjektiv „alt" als Bestimmungswort des Ortsnamens taucht erst danach auf, was möglicherweise auf eine schon in dieser Zeit als „alt" eingeschätzte Siedlung schließen lässt.

Wir können daher davon ausgehen, dass die Siedlung, die später Altenhof heißen sollte, auf ein oder einen Hof zurückgeht, das oder der den Bewohnern des Wendener Landes, respektive der Kirchengemeinde Wenden, bekannt war und keiner weiteren Attribuitierung bedurfte. Die Bezeichnungen als „Alter Hof" ist demgegenüber in administrativen und juristischen Dokumenten zu finden, die nicht aus der Feder von Einheimischen, vielleicht nicht einmal aus deren Munde, stammen, zum Teil auch retrospektiv benannt. Erst nach der

---

[43] *Finck, Johannes J.W.: „Chronika Drolshagensis"- Drolshagen 1902; S. 25 f*

Mitte des 16. Jahrhunderts wird in den Dokumenten vom „Alten Hof" und diesmal als Wohnstättenbezeichnung gesprochen[44]. Dies ist u.a. auch aus den von Becker angegebenen Dokumenten zu „Kortenbeke" zu entnehmen, in denen der Ort 1536 „Oldenhove im Kerspel to Wenden" benannt wird, 1556 bereits als „Altenhoff" und 1618 als „Altenhoue" bezeichnet wird[45]. Diese Bezeichnungen entstammen diversen juristischen Dokumenten des Klosters Herford bzw. der Waldenburg, während die regionalen, kirchlichen Dokumente zur gleichen Zeit noch vom „Hof" in all den angeführten Schreibvarianten sprechen.

Der Hof „Kortenbeke" taucht zum letzten Mal 1618 in den Waldenburger Lehnsregistern auf. Günter Becker ist zuzustimmen, wenn er angibt, dass die Äcker, die zu dem wüstgefallenen Hof gehörten, auch vom „olden Have" oder den Höfen des benachbarten Girkhausen bewirtschaftet werden konnten[46]. Das gleiche gilt für die bis heute genutzten Flächen der Siedlung „Höëwingen". Da wir nicht davon ausgehen können, dass diese Siedlungen einfach aufgegeben, die Bewohner weggezogen sind, während es einen Ort jeweils 500 m vom eigenen Standort gab, der „Hof" genannt wurde[47], müssen wir andere Möglichkeiten in Erwägung ziehen, und sind damit bei unseren Ermittlungen bei den „Indizien".

---

[44] *Eine Präzisierung dieser These folgt in dieser Abhandlung später unter dem Titel „Altenhof kein Hof, sondern...". Eine Erklärung bietet sich an: der Name Altenhof ist ein gängiger Name, der allein im Kreis Olpe mehrfach vorkommt, zum Teil in Flurbezeichnungen. Nicht immer werden die am Ort gebräuchlichen Namen verwendet, so heißt der Hünsberg auf Karten Heintzberg wie der Ort in der Gemeinde Kirchhundem. Eine Vermutung ist, dass die Schreiber der Schatzungsliste statt dem „alten Hof" ein ihnen geläufigeren Namen „Altenhof" in dem Dokument festgelegt haben.*

[45] *Becker, G. 1961 S. 197*

[46] *Becker, G. 1961 S. 197*

[47] *Es war durchaus üblich, auf größeren Flurstücken Siedlungen zu verlegen, wenn der ursprüngliche Ort zu klein oder durch andere Gründe unbrauchbar geworden*

20

Indizien

In der Erforschung des Wendener Landes wurde und wird sehr stark auf die Dokumente des Klosters Herford zurückgegriffen[48]. Dagegen weist G. Becker in seinen (unveröffentlichten) Ausführungen zu Wenden u.a. darauf hin, dass der geschichtlich bedeutende Scheiderwälder Hof an der Grenze zum Olper Bereich nicht in den Herforder Akten erwähnt wird. Daraus ist zu schließen, dass er nicht zu den Besitztümern des Klosters gehörte oder dass es keinen Anlass gab, ihn in einem Dokument zu erwähnen[49]. Auch weitere Höfe wie der Buchler Hof in Altenwenden können nicht der Reichsabtei Herford zugeschrieben werden[50]. Für die Fluren von Altenhof gilt dies ebenso. Selbst wenn Kortenbeke ein Herforder Lehen ist, müssen andere Höfe und Flurstücke dies nicht zwangsläufig auch sein. Zwei Beispiele dazu:

R. Quieter hat sich in seinen Ausführungen zur Geschichte des Wendener Landes intensiv mit einem Burgholdinghauser Ritter Bernhardt uff der Muntze und seinem Wirken im Wendener Land befasst sowie dessen Besitzungen, die dieser der Wendener Kirche vermacht hat. Dazu gehören auch u.a. Besitztümer, die an die Grenzen des

---

war. Auffallend ist aber dabei, dass es sich immer um Verlegungen der Siedlungen innerhalb der Gemarkungen handelte. Darauf hat u.a. Steuer, Heiko in „Standortverschiebungen früher Siedlungen“ hingewiesen. Quelle: Althoff, Gerd u.a. (Hrsg.): „Person und Gemeinschaft im Mittelalter“ Sigmaringen: Thorbecke, 1988. S. 25 - 59

[48] *Dies betrifft allerdings nur eine Zeit ab etwa 975. Die Zeit davor war weitestgehend dokumentenfrei. Erst mit Besitzwechsel oder Lehnverschreibungen wurden Urkunden angelegt. Ob und wo diese heute zu finden wären, kann nicht gesagt werden. Festzuhalten ist aber auch, dass die Kirche großen Besitz hatte und Höfe an sie überschrieben wurden. Dort sind auch Dokumente zu finden. Aber auch dies gilt erst für das ausgehende Mittelalter*

[49] *Vgl. dazu Quieter im Rückgriff auf G. Becker; Quieter, R. 2012, S. 97*

[50] *Quieter, R.: 2012, S 151*

(Herforder) Hofes Stendenbecke[51], heute Stemmicke, stoßen. Die Stemmicke grenzt im „Dicken Berg" an Altenhofer Gebiet. Da der Ritter Besitzer und Förderer der Eisengewinnung auch im „Dicken Berg" und, wie es heißt, im Hüttenbruch[52], war, ist sein Besitztum auch auf Altenhofer Gebiet zu vermuten.[53] Ein weiterer, nun sicherer Nachweis von Besitz außerhalb des Herforder Klosters, liegt in der Abschrift einer Urkunde von 8. Juli 1480 vor, bei der Vertreter einer sauerländischen Adelsgruppe aus dem Spätmittelalter, die sich als „Vögte von Elspe" bezeichnen, der Kirche zu Wenden eine Flur in Altenhof schenken. R. Quieter: „Es ist Heiman Vogt von Elspe, der... in offenem Brief bekundet, dass er all seine Siepen, die er durch Erbschaft an dem „wytbrocke" (d.i. der heutige „Wiehbruk", d. Verf.), ... den Vormündern und der heiligen Kirche zu Wenden verkauft hat"[54].

Zu bedenken ist allerdings auch: „Historische Quellen erwähnen nur selten explizit wüst gefallene Orte. Zudem erfolgt die Nennung zumeist erst in einem erheblichen zeitlichen Abstand zum Entsiedlungsvorgang. Besonders in lehnsherrschaftlichen Quellen sind aufgelassene Siedlungen wie bestehende Orte weiter tradiert worden, ohne dass das tatsächliche Wüstfallen überhaupt erwähnt wurde"[55].

Welche Folgerung ist daraus für Höëwingen zu ziehen? Allein die Tatsache, dass Höëwingen erst in einem Dokument aus dem 18. Jahrhundert explizit genannt wird, sagt nichts über seine früher anzusetzende Existenz aus. Wenn die Siedlung nicht in irgendwelchen

---

[51] *Zwischen Krombach und Eichen, also altem Holdinghauser Gebiet, liegt ein kleiner Ort, der auch heute noch Stendenbach heißt. Zusammenhänge sind unklar, möglicherweise aber über Burgholdinghauser Adel erklärbar.*

[52] *Heute Gemarkungsname in Altenhof, aufgegriffen in der Hüttenbruchstraße*

[53] *Vgl. Quieter, R. 2012 S. 148 ff*

[54] *Quieter, R. 2012, S. 104. Hier wird in einer Abschrift (!) einer Urkunde vom 8. Juli 1490 auch Johann Sellen „zu dem Alden Hoffe" erwähnt.*

[55] *Bergmann, Rudolf: Die Wüstungen des Hoch- und Ostsauerlandes. Darmstadt 2015 S.576*

grundherrschaftlichen Registraturen oder ähnlichem auftaucht, kann es heißen, dass lediglich die Eigentums- und damit die Lehensverhältnisse nicht bekannt sind, keine dokumentationswerten Gründe vorlagen, Dokumente verlustig gingen oder dass es sich um einen freien Hof gehandelt hat. Keinen dieser Gründe kennen wir.

Schauen wir uns dagegen die topographische Lage von Hof bzw. dem Ort Höëwingen genauer an. In der bereits angeführten Grenzbeschreibung von 1740 wird ein Hünsborner Hof u.a. mit Begriffen bestimmt, die auf die Existenz dieser Siedlung verweisen. Geht man diese Beschreibungen durch, so ist der Hünsborner Hof begrenzt durch das „Stemmicker Gut", den Kirchweg, die Flur „Hofinger Schläfen", dann das „Heiligenhäuschen auf der Dörnschladen", weiter zum „Höfinger Schlag oben der langen Straße"[56] und „Alter Weg auf Hartmanns Eick"[57]. Dies entspricht - bezogen auf Höëwingen - genau der Lage im heutigen Wäldchen.

Typisch für eine mittelalterliche Siedlung im Wendener Land ist die Quellmuldenlage[58]. Dieser Quellmuldenbereich im „Wäldchen" ist nach Osten geöffnet und durch den Höhenzug des „Hünsbergs" sowie der „Ebenhöhe", Erhebungen rund um die Dörnschlade, gegen die Hauptregenrichtung Nordwest geschützt. Die unmittelbare Nähe eines möglichen Siedlungsstandorts im Quellbereich ist auch durch flachere Landschaft geprägt, die über der Talmulde steiler ansteigt. Reste der Ackerterassen sind, wie bereits erwähnt, am Hang unter der Ebenhöhe mit südlicher und südöstlicher Ausrichtung erkennbar. Wasser ist ausreichend über zwei unabhängige Quellen, die

---

[56] *Bis in die siebziger Jahre hieß die Straße nach Hünsborn in Altenhof „Lange Straße"*

[57] *Heute noch in Altenhof so genannt. Schon im preußischen Messtischblatt hieß die Gemarkung „Schüren Wädchen". Der Weg wird der als Fernweg im Mittelalter aufgegebene Heerweg sein.*

[58] *Lucas, Otto: "Das Olper Land", Münster 1941 S 118*

heute noch kleine, namenlose Bäche speisen, für einen Hof oder eine Hofanlage gegeben.

Allerdings bedeutet die Talendlage und das vorhandene Relief auch, dass eine Erweiterung des Hofes nicht möglich war. Zu eng das Tal, zu steil und kalt die Nordhänge oberhalb der Mulde. Die flacheren Fluren der „Bröin" auf der anderen Seite des sicher bewaldeten Höhenzugs (des Hünsbergs) waren zu weit entfernt bzw. ließen sich nicht organisch (wie über Bachläufe) angliedern. Später gehörten sie gemäß der Beschreibung des Hünsborner Hofes auch zu Hünsborn.

Auf dem Areal des heutigen Dorfes Altenhof gibt es im Wesentlichen nur drei gute Bereiche in Talendlagen, in denen nach einer Rodung eine Siedlung angelegt werden konnte. Dies ist die Quellmulde von Höëwingen im „Wäldchen", das kurze Tal der Kortemicke, Standort des Hofes Kortenbeke und ein Bereich unterhalb der „Hartmanns Eiche" und der Gemarkung „Vorm (Höëwinger) Schlag". Hier konnten in einer Reliefkarte und auf dem preußischen Messtischblatt ebenfalls kurze Terrassen und im Tal ein relativ ebenes Geländestück ausgemacht werden[59]. Die anderen Fluren wie der Wiehbruk sind im Talbereich sehr feucht bis sumpfig[60], mögliche Ackerflächen nicht in unmittelbarer Umgebung oder steil, was bei Rodungsarbeiten schon hohe Bedeutung hat oder zu weit vom Fließ- oder Quellwasser entfernt.

All diese Indizien legen nahe, dass es in der beschriebenen Quellmuldenlage eine Siedlung geben konnte, die Höëwingen genannt wurde. Eine Ausweitung bei zunehmender Bevölkerung oder durch die Realteilung konnte in diesem Teil der Flur nicht sinnvoll durchge-

---

[59] *Dies ist eine Vermutung, die noch weiter erforscht werden muss. Als mögliche Lage käme sie jedoch in Frage.*
[60] *Heute ein Naturschutzgebiet mit urtümlichen Bruchwäldern.*

führt werden. Es muss auch mit zunehmenden Problemen des Neubaus von Gebäuden gerechnet werden, da aufgrund der Holzbauart im frühen Mittelalter die Wohn- und Nutzgebäude nach 30 – 50 Jahren erneuert werden mussten[61].

Warum ist der Hof aufgegeben worden, während die Ackerfluren offensichtlich weiter genutzt wurden? Dazu müssen wir uns das Dorf anschauen, das „Hof" oder später „Altenhof" genannt wird. Das Kloster Herford weist in der Lehensurkunde zu Kortenbeke auf den „olden Have" hin, dem der Hof Kortenbeke von der Lage her zu- und damit nachgeordnet wird. Auf die Bedeutung von Hierarchien, die in dem Dokument eindeutig erkennbar sind, weist u.a. auch Dietrich Denecke in „Wüstungsforschung als kulturlandschafts- und siedlungsgenetische Strukturforschung"[62] hin. Es geht darum, „Orte eines Siedlungsraumes zu erkennen im Zusammenhang mit einer möglichen frühen Hierarchie oder gar zentralörtlichen Bedeutung im regionalen Siedlungssystem"[63].

Fünfzehn Jahre später nach der letzten Benennung tauchen in der Schatzungsliste 1536 Kortenbecke oder der Pächter Lotze nicht mehr auf. Aber es werden bereits 15 Personen, die jeweils für einen Hausstand stehen, zuzüglich zweier Hirten genannt. Kortenbecke war offensichtlich Teil des Dorfes geworden. Der Ort hatte zu dieser Zeit doppelt so viele Wohnhäuser wie im Durchschnitt des Kreises Olpe[64]. Nur größere Orte beschäftigten auch Hirten, was u.a. auch mit dem Huderecht zusammenhing[65]. Das würde bedeuten, dass der Ort

---

[61] *Vgl. dazu u.a. LVR-Landesmuseum Bonn – „Germanen – eine archäologische Bestandsaufnahme"; Hrsg.: Uelsberg, Gabriele 2020. S. 49 f*
[62] *Denecke, Dietrich: „Wüstungsforschung als kulturlandschafts- und siedlungsgenetische Strukturforschung", in: Siedlungsforschung Archäologie-Geschichte-Geographie Bd. 12, 1994*
[63] *Denecke, D.1994 S.15*
[64] *Lucas, O. 1941 S. 29*
[65] *Lucas, O 1941 S.70*

mehr war als eine Rodung oder ein Einzelhof in einer Quellmulde, bereits seit Längerem bestand und eine Bedeutung im Wendener Land hatte. Erkennbar auch daran, dass der oben mehrfach genannte Jost Piper eine Funktion als „kyrchmester", als Kirchenmeister, innehatte. „Kirchmeister war im spätmittelalterlichen und frühneuzeitlichen Deutschland ein städtisches Amt, das angesehenen und wohlhabenden Bürgern übertragen wurde. Die Ausübung war treuhänderisch und ohne persönlichen Gewinn. Der Kirchmeister verwaltete den Bau- und Ausstattungsfonds der ihm zugewiesenen Kirche, der aus frommen Stiftungen stammte. Er überwachte Baumaßnahmen und Anschaffungen und legte dem Stadtrat – nicht dem Bischof oder seinem örtlichen Vertreter – jährlich Rechnung ab. Sein Einfluss und seine gesellschaftliche Stellung waren beträchtlich."[66]

Warum aber wurde ein Dorf gegründet und nicht – wie vergleichsweise im Drolshagener Land – eine Reihe von Siedlungen, die Einzelhöfe oder Kleinweiler darstellten?

Otto Lucas beschreibt in seiner 1941 erstellten Dissertation „Das Olper Land", die in vielen Teilen auch heute noch ein Grundlagenwerk ist, die Dorftypen und bezieht sie auf deren Geschichte. „Die Wendener Hochfläche, eine 400 m hohe flachwellige Landschaft, hat seine stärksten Impulse in der kulturlandschaftlichen Entwicklung vom Siegerland erhalten. Schon das Vorherrschen der Realerbteilung beweist eine grundsätzlich andere Haltung des Bauerntums. Nur sie

---

[66] *Zitiert nach Wikipedia „Kirchmeister" https://de.wikipedia.org/wiki/Kirchmeister#cite_ref-1 . Noch heute werden die Personen, die in der evangelischen Kirche die Finanzen verwalten, Kirchmeisterinnen oder Kirchmeister genannt. Dem entspricht auf katholischer Seite der gewählte Kirchenvorstand. In diesem Fall der katholischen Kirchengemeinde wäre die Person mit einem leitenden Mitglied des Kirchenvorstands zu vergleichen. Da nur die Person von Jost Piper genannt wird, muss es sich um eine einflussreiche Person gehandelt haben, die zudem nicht aus dem Kirchort Wenden, sondern einem 3 km entfernten Nachbarort stammte, dort Wohnsitz und Besitz hatte.*

erklärt das Bestehen der Kleinbetriebe, die weitgehende Parzellierung von Grund und Boden ... Auch in den Ortsformen, in den mehr oder minder großen Haufendörfern, ähnelt diese Landschaft dem Siegerland. Nur in den Ortslagen, Vorherrschen der Quellmuldenlagen, macht sich der andersartige orographische Charakter der flachwelligen Hochflächen bemerkbar."[67]

Lucas weiter: „Bisweilen sind die Haufendörfer (im Kreis Olpe, der Verf.) ringförmig angelegt, so besonders im Wendener Ländchen. In einigen ringförmig angelegten Dörfern umlagern ungleich gestellte Gehöfte einen unregelmäßigen Platz ... Im Gegensatz zu den Kirchdörfern fehlt bei den Haufendörfern ein geschlossener Siedlungskern, den man als wirklichen Mittelpunkt der Siedlung ansprechen könnte. An einigen Stellen liegen die Häuser dichter, an anderen zerstreuter, aber immer sind zwischen den einzelnen Wohngebäuden deutliche Zwischenräume, die durch Gärten oder Grashöfe ausgefüllt werden. Die unzweckmäßig gerichteten vielen Wege lassen erkennen, daß von einer planmäßigen Anlage nicht die Rede sein kann. Die Stellung der Häuser zu den Wegen ist äußerst unregelmäßig. Auch liegen die Häuser vielfach etwas abseits von den Wegen. Häufig gruppieren sich mehrere Höfe um einen größeren Hofraum und sind durch diesen mit einer Dorfstraße verbunden."[68] Lucas weist auch anhand der Schatzungsliste 1536 auf, dass die aktuelle Siedlungsstruktur im Kreis Olpe bereits im späten Mittelalter vorhanden ist.

---

[67] *Lucas, O. 1941 S.118*
[68] *Lucas O. 1941 S. 27*

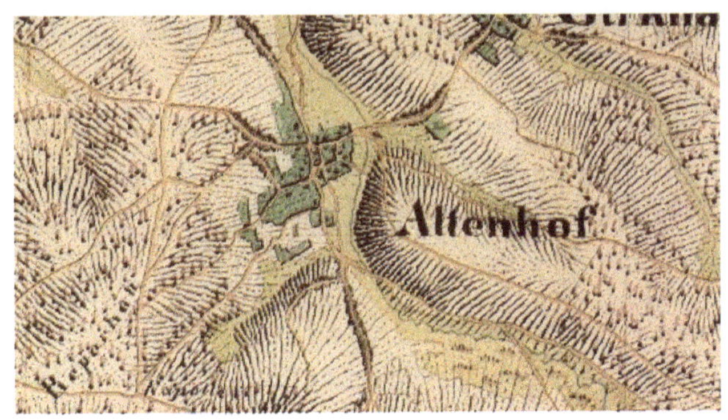

Preußische Uraufnahme von Altenhof (vor 1846)

Die Real(erb)teilung führte im Wendener Land zu bäuerlichen Kleinbetrieben und einer immer weiter fortschreitenden Parzellierung. Daher sind Einzelhöfe im Wendener Land eine Ausnahme und, wenn vorhanden, im Besitz aus anderen Regionen, wie der Wendenerhütte Hof seinerzeit zum Kloster Drolshagen gehörte. Die Realteilung aber fördert zugleich die zunehmende Verdorfung der Siedlungen, den Zusammenschluss landwirtschaftlicher Betriebe auf einem gemeinsamen Areal, umgeben von den landwirtschaftlichen Nutzflächen. Altenhof ist als ein Haufendorf ringförmig angelegt, was sich auch in den Karten aus dem 19. Jahrhundert (u.a. Preußische Uraufnahme und Messtischblatt) ablesen lässt und Schlüsse auf die mittelalterliche Siedlungsform zulässt[69].

Es lässt sich nun eine erste Hypothese bilden: die Siedlungen Höëwingen und Kortenbeke und ggfls. eine weitere unter der „Hoartmanns Eick" sind aufgrund eines Konzentrationsvorgangs aufgegeben worden. Die Wohn- und Wirtschaftshäuser wurden im neuen(?) Dorf errichtet. Dies ist kein außergewöhnlicher Vorgang,

---

[69] Lucas, O. 1941 S. 24 ff

sondern findet im späten Mittelalter häufiger statt. In einem allgemeinen Sinne formuliert R. Bergmann, dass es sich verbiete, die nuancenreichen und mehrphasigen Wüstungsvorgänge „allein auf eine Ursache wie z.B. die mit einer gewissen Zeitverschiebung nach der Pestepidemie der Mitte des 14. Jahrhunderts auftretende, überproduktionsbedingte Agrardepression, deren Auswirkungen ... nach 1370 greifbar werden und die im maßgeblichen Umfang das mitteleuropäische Entsiedlungsgeschehen beeinflusst hat, zurückzuführen. Zusätzlich zu derartigen raumübergreifend wirksamen Faktoren sind in Westfalen häufige zentralitätsbezogene Entsiedlungsvorgänge zu beobachten. Sie stehen im Einklang mit dem unsicheren Allgemeinzustand im ländlichen Bereich, der in den Quellen als wesentlicher Auslöser der Wüstungsbildung benannt wird."[70]

Das in diesem Konzentrationsvorgang entstandene Dorf (Alten-) Hof liegt auf einem kleinen Plateau mit sehr leichtem Gefälle zum Hauptbach und steileren Anstiegen im Süden, Westen und Osten. Die Wasserversorgung für Mensch und Tier ist wegen des reichlich vorhandenen Grundwassers gesichert. Der Ort hat erst Mitte der 50-ger Jahre eine zentrale Wasserversorgung (über eine eigene Genossenschaft, die bis heute aktiv ist) erhalten. Bis zu diesem Zeitpunkt wurde das erforderliche Wasser für Mensch, Tier und Garten in Haus- und Dorfbrunnen geschöpft. Auf dem Grundstück meines Elternhauses in der Dorfmitte befanden sich drei stets Wasser führende Brunnen, davon unser Hausbrunnen, der Dorfbrunnen („Et Pütz") und ein Brunnen, aus dem Wasser in einen benachbarten großen Bauernhof (Rickesen-Wurm) geleitet wurde. Statt der Quellmuldenlage bot also die Wasserversorgung über Brunnen eine bessere und bequemere Möglichkeit. Von dem Ort aus konnten auch rund um das Dorf neue Ackerflächen erschlossen werden, die leichter als

---

[70] *Bergmann, R. 2015 S 581 f*

die steilen Ackerterrassen bewirtschaftet werden konnten. Beispiele dafür sind u.a. die Areale „Hinterm Kreuz", der „Bühl", die „Bröin" oder das „Alte Feld" in Südlage, das zum Teil zu Schönau gehört. Die Verdorfung zu Altenhof kann auch als eine dritte Phase der Besiedlung des Wendener Landes angesehen werden.

Ein vorläufiges Fazit: Aus nicht dokumentierten Gründen wurde die Siedlung Höëwingen wahrscheinlich schon vor 1400 aufgegeben. Indizien lassen den Schluss zu, dass es sich bei der Aufgabe der Siedlung um einen Konzentrationsvorgang handelte, in den auch die anderen Höfe auf dem Areal einbezogen waren. Mit Höëwingen wurde eine Siedlung aus der zweiten Besiedlungsphase aufgegeben und überführt in eine neue, die zum Dorf „Hof", später zu „Altenhof" wurde[71]. Ein nachvollziehbarer Grund ist die Realteilung, die es unmöglich machte, den Hof Höëwingen an seinem Standort weiter zu führen. Stattdessen wurde das Dorf gebildet als zentraler Ort, an dem sich die Betreiber der Höfe niederlassen konnten, um von hier aus auch weitere ackerbauliche Flächen zu erschließen sowie in den feuchten Talniederungen Wiesen und Weiden anzulegen und zu nutzen. Ein weiterer, ergänzender Grund liegt darin, dass die Holzbauten der Siedlungen regelmäßig von Generation zu Generation erneuert werden mussten. Das war dann an neuen Standorten auch sinnvoll[72]. Inwieweit lehnsrechtliche Gründe eine Rolle spielten, ist unbekannt.

Dies sind Indizien, vorläufige Fakten, die den Nachweis erbringen sollen, wie ein Verbleib der Siedlung zu verstehen ist. Dass dies mit

---

[71] *Hier ist auch auf ein Phänomen zu verweisen, dass die Archäologie „Wandersiedlung" nennt. Dörfer wurden innerhalb der Gemarkung verlegt, ohne dass das soziale Gefüge verändert wurde. Oft blieb dabei die Parzellenstruktur erhalten. Vgl dazu LVR – Germanen 2020 S. 51*
[72] *Vgl LVR – Germanen 2020 S. 49. Hier ist auch von den „wandernden Dörfern" die Rede.*

einem hohen Maß an Unsicherheit verbunden ist, liegt in der Natur
der Methode selbst. G. Becker dazu: „Wie sich ein Ort von einem Einzelhof oder einer anfänglichen Hofgruppe zu einem größeren Weiler
oder sogar einem Dorf entwickelt hat, lässt sich nur in besonderen
Glücksfällen ermitteln, aber auch dann fast immer nur hypothetisch
und mit vielen Wissenslücken. Erschwert werden solche Rekon-
struktionsversuche vor allem durch die für alle Jahrhunderte mit
schriftlichen Quellen geltende Mobilität des ländlichen Grundbesit-
zes, … Für keinen Hof gab es eine immerwährende Bestandsgarantie.
Gar nicht so ganz selten geschah es zumal im späten Mittelalter, aber
auch in den neuzeitlichen Jahrhunderten, dass ein ganzer Hof mit
seinen Gebäuden aufgegeben wurde und der zugehörige Besitz anderen Höfen zufiel. Die Gründe dafür waren ganz unterschiedlich.“[73]

Damit wären wir bei einem dritten Schritt: Rückschlüsse ziehen.

Rückschlüsse

Gemäß Duden ist ein Rückschluss eine „aus einem bestimmten Sachverhalt abgeleitete logische Folgerung, aus der sich Erkenntnisse
über einen anderen Sachverhalt gewinnen lassen.“[74] Gerade in der
Erforschung von historischen Zusammenhängen können Rückschlüsse einen wesentlichen Erkenntnisgewinn verschaffen, wenn
auch nicht in jedem Fall die Zusammenhänge validierbar sind. In unserem Fall der Siedlung Höëwingen geht es im Folgenden auch nicht
mehr um nachweisbare Fakten, sondern um eine Erkenntnis von

---

[73] *Becker, Günther: „Siedlungsgeschichte des Repegebietes bis zur frühen preußi-*
schen Zeit“ in: Höffer, Otto: „Das Repetal. Zur Geschichte der Kirchspiele Helden
und Dünschede - Schriftenreihe der Stadt Attendorn 3“ Attendorn 2008 S. 14 - 63
[74] *www.duden.de/rechtschreibung/Rueckschluss*

Prozessen, von Kontexten und von hoch wahrscheinlichen Zusammenhängen. Quieter spricht auch von einem Arbeitsprinzip der Geschichtsforschung, „das die Möglichkeit wahrnimmt, Wissenslücken in älteren historischen Zusammenhängen durch eindeutige Zeugnisse aus späterer Zeit auszugleichen, um so das Gesamtbild zu erschließen."[75]

Ich betone noch einmal, dass in der mundartlichen Kommunikation vor allem im Ort selbst von „Höëwingen" gesprochen wird. Dieser Ortsname scheint bis in die Gegenwart identitätsstiftend zu sein, wie der Titel der „Njuslätter" „Höëwingen Tijdung" noch einmal unterstreicht. Es ist daher auch anzunehmen, dass die mittelalterliche Bezeichnung „Hof" in all den angeführten Varianten und die Benennung von Personen aus diesem Dorf auf Höëwingen und einer speziellen Bedeutung in den fränkischen Mundarten zurückzuführen sind. Ausgehen müssen wir bei Höëwingen von einer älteren Schicht als die mittelalterlichen und neuzeitlichen Bezeichnungen. Das führt uns nun in die Erforschung der frühen Besiedlung des Wendener Landes, aus der dann Rückschlüsse zu ziehen sind.

Frühe Besiedlung des Wendener Landes

Eine detaillierte Darstellung der frühen Besiedlung des Wendener Landes und damit auch von Altenhof kann aufgrund der Datenlage nicht vorgenommen werden. Die Dokumentenlage ist ohnehin dürftig und beginnt erst mit Urkunden um die erste Jahrtausendwende. Ausgrabungsfunde sind bislang nicht vorhanden. Wieder sind es we-

---

[75] *Quieter, R. 2012 S. 73*

niger Fakten, eher Indizien und Rückschlüsse, aber auch Vermutungen, die auf eine Besiedlung möglicherweise von der Mitte des ersten Jahrtausends nach der Zeitenwende an verweisen können.

Fakten

Dass das Wendener Land in vorgeschichtlicher Zeit zumindest vorübergehend besiedelt war, lässt sich u.a. aus dem Lesefund von eisenzeitlichen Keramikfragmenten bei Ottfingen ablesen. Ein weiterer Hinweis ist durch die sprachwissenschaftliche Betrachtung der Gewässernamen gegeben. Die Bezeichnungen Bigge, wahrscheinlich auch Elbe und Albe, möglicherweise auch die Wende stammen aus vorgeschichtlicher Zeit[76]. Kennzeichen dieser der ältesten Schicht der Besiedlung entstammenden Gewässernamen sind kurze Wortbildungen, die auf –aha, -afa oder –apa enden. Wie viele alte Bezeichnungen wurden auch diese Endungen zunehmend mehr verkürzt, sodass aus –apa ein –be wurde wie in Elbe, Albe oder Olpe[77]. Spätere Benennungen nutzten stattdessen die Suffixe –bach, -micke oder –bieke.

Gewässernamen sind in den meisten Fällen ursprünglicher als Siedlungsnamen[78], da sie auch bei nur zeitweiser Besiedlung zur durchgehenden Orientierung dienten. Erst aus diesen Gewässernamen

---

[76] *Klein, Antonius; „Siedlungs- und Kulturgeschichte bis zum Hochmittelalter" in Böhler, Karljosef u.a. „Wenden – Einblicke in die Geschichte" Bd. 1 Wenden 2012 S. 40. König, W. 2004 verweist im „Atlas Deutsche Sprache" darauf, dass „etwa die Wortstämme *albh- (> Elbe)" (S. 39) auf indogermanische Wurzeln zurückzuführen sind. Die beiden Gewässer der Albe (Schönau) und der Elbe (Elben) können diese Wurzel haben und auf eine sehr frühe Besiedlung verweisen.*
[77] *Heinzerling, J. 1920 S. 2*
[78] *Vgl. Anderson, Thorsten: „Die Suffixbildung in der altgermanischen Toponymie" in „Suffixbildungen in alten Ortsnamen – Akten eines internationalen Symposiums*

wurden die ersten Siedlungsnamen abgeleitet. König verweist auf eine Kontinuität der Gewässernamen mit einem Verweis auf ein „Kontinuitätszentrum im Rheinland und (im) Moselraum. Hier gibt es trotz Bevölkerungswechsels eine Siedlungskontinuität, die dafür gesorgt hat, dass die Flussnamen von der einen Gruppe zur anderen weitergegeben wurden und damit über Jahrtausende hinweg erhalten geblieben sind."[79]

„Die dünn gesäeten Siedlungen der ältesten Schicht finden sich nur an den günstigsten Stellen, meist in den Haupttälern. Die Gewässer, an denen man sie anlegte, wurden daher auch am frühsten benannt."[80] Heinzerling setzt diese älteste Schicht auf die Zeit bis 500 fest, konzidiert allerdings für das Siegerland, dass wegen der topographisch ungünstigeren Lage auch eine Verzögerung vorliegen kann. Das wäre auch für das Wendener Land anzunehmen, da eine sukzessive Besiedlung flussaufwärts über die Flusstäler oder über Wasserscheiden ebenfalls eine zeitliche Verzögerung mit sich bringt und eine natürliche Begrenzung findet[81]. Diese liegt in den im Wendener Land vorliegenden Wasserscheiden und früheren, auf diesen Anhöhen anzunehmenden Grenzwäldern[82]. Dies waren Markierungen, aber keine unüberwindbaren Hindernisse, wie weiter unten aufgezeigt wird.

---

in Uppsala 14. – 16. Mai 2004", Hrsg. Thorsten Anderson und Eva Nyman, Uppsala 2004

[79] *König, W. 2004 S.40*

[80] *Heinzerling, J. 1920 S. 1*

[81] *Dies würde erst recht gelten, wenn von einer Besiedlung des Wendener Landes vom Siegerland aus ausgegangen würde.*

[82] *Vgl. Heinzerling; „Wie im Osten des Siegerlandes erstreckte sich auch im Norden erst in westlicher, dann in südlicher Richtung unbesiedeltes Waldland zwischen den Sachsen des Sauerlandes und den Siegerländern, welches ebenfalls früher noch viel breiter war." S. 34*

Zudem lagen die ersten Orte in den Haupttälern, vorzugsweise am Zusammenfluss mehrerer Gewässer, aber hochwassergeschützt, da dort auf den Schwemmböden die besten Voraussetzungen für Ackerbau vorlagen. Auch befanden sich diese Hauptorte in der Regel eine Stunde Fußweg auseinander, sodass genügend Raum zwischen diesen Siedlungen lag für bäuerliche Betriebe insbesondere die Weiden in den Talauen, aber auch zur Sicherung der Jagd und des Holzschlags. Es „zeigt sich, dass die in ethnologisch erforschten Bereichen und in der Neuzeit in Mitteleuropa festgestellte Entfernung zwischen Dörfern in gut besiedelten Landschaften höchsten 5 km beträgt; das heißt, mit einem Radius von 2,5 km ist die Gemarkung der Siedlung erfasst; weiter weg gelegene Ackerfluren waren nicht mehr zu bewirtschaften, denn die Rindergespanne für den Pflug schafften an einem Tag nicht mehr den Weg hin und zurück."[83] Wichtig für die Lage war immer eine ausreichende Wasserversorgung und weitestgehender Schutz vor Wetter[84].

Indizien

Für das Wendener Land ist auf Grund der topographischen Lage anzunehmen, dass die Siedlung Wenden eine solch bevorzugte Lage genoss und sie sich auch so zum Haupt- und Kirchort entwickelte. Aufgrund der Besonderheit der Sprache im Wendener Land, einem niederdeutschen Moselfränkisch[85], halte ich die Vermutung für möglich,

---

[83] *LVR- Germanen; 2020 S 48/49*

[84] *Vgl. dazu Heinzerling, J. 1920 S.2*

[85] *Dies ist ein Arbeitstitel. Das Wendsche Platt ist nach übereinstimmenden Nachweisen ein niederdeutscher fränkischer Dialekt und in Grammatik und Begriffen weitgehend mit dem mitteldeutschen moselfränkischen Nord-Siegerländisch verwandt. Der deutliche Unterschied zum Oberbergischen, das als Variante des Nordniederfränkischen gilt, und die bereits vorhandene Bezeichnung des Bereichs zwischen Uerdinger und Benrather Linie als „Südniederfränkisch" macht es notwendig,*

aber nicht zwingend, dass das altsächsische Wort für „Grenze" ursächlich für die Siedlungs- und Gewässerbezeichnung ist. Wäre dies der Fall, müsste der Name vor der Fränkischen Besiedlung, also vor 500 - 700 n.Chr. bereits existiert haben. Möglich ist auch die von Flöer vorgeschlagene Deutung, den Namen vom germanischen „wenda", sich winden, bewegen abzuleiten[86]. Wer den Bach in der weitgehend flachen Talaue noch vor seinen Begradigungen und Verrohrungen kennt, kann dem viel abgewinnen.

Wenden war und ist der Hauptort dieses Landstrichs, was sich u.a. früh in der Hierarchie der Benennungen des Hofes (curia) „genannt Deplinge" im Kirchspiel Wenden oder des „olden Have im kerspel Wenden" ausdrückt. Von Wenden aus ist über die Bachläufe auch ein problemloser Zugang zu den Siedlungen Schönau / Altenwenden einschließlich der zugehörigen Wüstungen Herminghausen und Thuwies, nach Girkhausen mit bedeutenden Höfen und einer Wüstung Hustadt, nach Altenhof mit mindestens zwei Siedlungswüstungen Kortenbeke und Höëwingen, sowie zum Gut Stendenbecke, heute Stemmicke, möglich[87].

Damit kann auch angenommen werden, dass die Siedlungen weiter bachaufwärts einer zweiten Besiedlungsschicht angehören. Diese wird in die Zeit nach der Völkerwanderung bis ins 10 Jahrhundert veranschlagt. Nach Heinzerling weisen die Siedlungen deutliche Unterscheidungsmerkmale zu denen der ersten Besiedlungsschicht auf. So liegen sie schon eher der Grenze zu, die durch einen Grenzwald

---

einen neuen Begriff für diesen südlichsten niederfränkischen Sprachraum zu finden. Einen Nachweis lege ich in der Abhandlung „Das Wendsche Platt – Eine Ermittlungsreise zu den Quel-len" BoD 2021 vor

[86] Flöer, Michael: „Wenden" in „Die Ortsnamen im Kreis Olpe" - Verlag für Regionalgeschichte, Bielefeld 2014 S. 249 f

[87] „Seit dem 3. / 4. Jahrhundert ... ist mit Zentralorten zu rechnen, in denen über die Landwirtschaft hinaus soziale, politische und wirtschaftliche Funktionen für ein größeres Gebiet gebündelt wurden." LVR – Germanen; 2020 S. 55

markiert war, sie befinden sich nicht mehr an den günstigsten Stellen, aber auch nicht an den ungünstigsten, wie es in der dritten Schicht häufiger der Fall ist.

Die Annahme jedoch, dass auch die Siedlungen der zweiten Schicht Gebiete für den Ackerbau in Anspruch nahmen, die wenig geeignet waren und daher wieder wüst fielen oder im Status kleiner Weiler wie Bebbingen oder Döingen blieben[88], ist in dieser Pauschale nicht zuzustimmen. Bebbingen und Döingen liegen in sanften Quellmulden zwar an der Peripherie des Wendener Landes, aber auf einer selbst für das Wendener Land flachen Hochebene. Wie auch die Acker- und Weideflächen von Höëwingen sind auch die von Bebbingen und Döingen bis heute genutzt[89]. Erst an den Ortsgrenzen sind die tiefen Vertalungen des Wildenburgischen und des Bergischen Landes zu sehen. Ebenso an der heutigen Kreisgrenze zwischen Hünsborn und Altenwenden, also auch Altenhof im Blick auf das Siegerland.

Rückschlüsse

Wesentlich ist auch die Namensgebung für die Siedlungen, die eine meist zweiteilige Zusammensetzung ist. Für die Altenhofer Siedlungen sind dies nun Korten-beke, heute Kortemicke als Flurname, also der kurze Bach, eine sehr zutreffende Beschreibung für das nur wenig hundert Meter lange Gewässer[90]. Als eine „-ingen-Siedlung" wird

---

[88] *Klein, A. 2012 S. 42*

[89] *Zu dem Schluss mögen die Ausführungen von Otto Lucas beigetragen haben, der das Wüstfallen der Siedlungen im stark zertalten und vom Wald dominierten Bilsteiner Bergland beschreibt. Lucas, O. 1941 S. 33*

[90] *Die Bezeichnung beke oder bieke ist sowohl im westfälischen als fränkischen Sprachraum für Bach geläufig, hingegen findet sich -micke als kleiner Wasserlauf nicht im fränkischen. Die Kortemicke mündet in Altenhof in den Hauptbach des*

Höëwingen die ältere Siedlung sein. Höëw-ingen kann mit „Ein Ort, wo ein Hof steht" oder „Zu (einem) Hof gehörig" übersetzt werden[91]. Dass das Grundwort „Hof" auch eine andere plausible, nicht westfälische Bedeutung haben kann, führe ich weiter unten aus.

Das Wendsche – ein moselfränkisches Gebiet in Westfalen

Wer immer die Siedler in der ersten Hälfte des ersten Jahrtausends im Wendener Land waren – Vermutungen gibt es zu germanischen Stammesnamen[92], die ebenso kritisch als römische Erfindung oder Fremdbezeichnungen zur Orientierung der Römer betrachtet werden können - die nachfolgende Besiedlungswelle ist fränkisch[93]. Auch diese Siedler werden kein menschenleeres Land vorgefunden haben, wenn auch von einer sehr dünnen Besiedlung vor allem der Tallagen an Wende und Bigge auszugehen ist. Nach den Franken kamen von Norden Land suchende sächsische Siedler. Diese siedelten bis an die Grenzen des Wendener Landes, bis zum Sachsenbach, der Sassmicke. Das Wendener Land blieb fränkisch geprägt.

Tals, der noch in den siebziger Jahren „de Flut" genannt wurde. Das Rheinische Wörterbuch betont, dass die Bezeichnung Bach in weiten Bereichen des rhein-, nieder- und moselfränkischen Sprachraums nicht ursprünglich vorkommt, stattdessen unter anderem die Bezeichnung „flot". Im Olper Platt heißt es „Flaut".

[91] Vgl. dazu die Ausführungen zum Suffix „-ingen" in den Ortsnamen in diesen Ausführungen

[92] Kaufmann, Karl Heinz stellt die These auf, dass es Sugambrer waren. „Wo die Wendschen wohnen", Wenden 2001; S 38 ff; vgl. dazu auch LVR – Germanen 2020 S. 42 ff

[93] Anzunehmen ist eine Zeit von 500 bis 600 n. Chr.

Fakten

Dokumentiert ist erst die erneute Besiedlung durch Franken unter
Karl dem Großen, da für 800 die Gründung einer Eigenkirche eines
fränkischen Reichshofs in Olpe angenommen wird[94]. Die Besiedlung
des benachbarten Siegerlandes ging, nachdem die Kelten das Land
wegen der verlorenen Absatzmärkte bei den abziehenden Römern
und der Kahlschläge der vorhandenen Wälder, von denen auch offensichtlich die Grenzwälder nicht verschont geblieben waren, verlassen hatten[95], etwa im 5. bis 6. Jahrhundert siegaufwärts durch
Rheinfranken vor sich. Sie stießen zunächst vor bis zur Wasserscheide Sieg-Ruhr, der heutigen Gemeinde- und Kreisgrenze. Ein
Überschreiten dieser Grenze ins Wendener Gebiet ist nicht auszuschließen, aber nicht nachweisbar. Von den Rheinfranken (auch Ri-
puarier, also Uferbewohner genannt) spalteten sich die Moselfran-
ken ab, deren Gebiet sich vom nördlichen Siegerland in südwestli-
cher Richtung bis nach Luxemburg und Lothringen erstreckte. Die
Sprachvariante des Siegerlandes war und ist moselfränkisch. Das
hatte auch Auswirkungen auf die Sprache bei der Besiedlung des
Wendener Landes.

Anders als beispielsweise im Hellweggebiet nördlich des Sauerlandes[96] sind im Wendener Land keine archäologischen Funde gemacht
worden, die ein genaueres Bild über die Art der dominanten Besiedlung in der ersten Hälfte des ersten Jahrhunderts nach der Zeitenwende geben könnten. Ob es am Ort gebliebene vor-fränkische Siedler waren oder bereits Franken, die möglicherweise von Süden her
in das Wendener Land eindrangen, ist nicht mit Sicherheit zu klären.

---

[94] *Wermert, Josef: Zeitleiste; https://docplayer.org/159471658-Zeitleiste-von-josef-wermert.html*

[95] *Um ca. 100 n Chr.*

[96] *Vgl. u.a. Bergmann, Rudolf: Die Wüstungen des Hoch- und Ostsauerlandes Darmstadt 2015*

Tatsache ist jedoch, dass auch die Region in der zweiten Hälfte des ersten Jahrtausends zum fränkischen Herrschaftsgebiet gehörte.

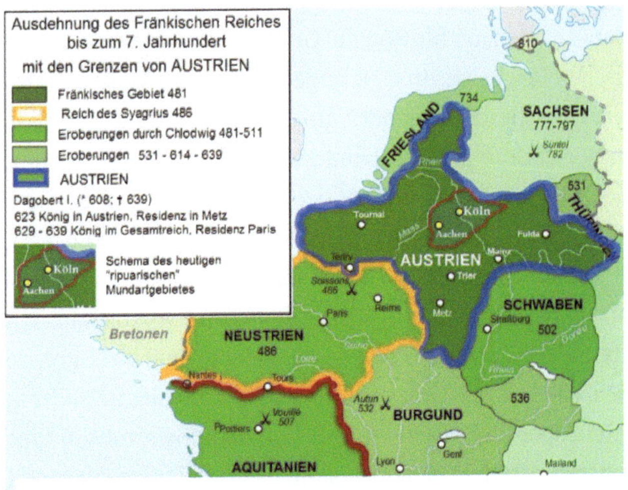

Quelle: _https://de.wikipedia.org/wiki/Datei:Dagobert_Austrien.jpg_

Indizien

Dafür, dass das Wendener Land aber anders als das übrige Sauerland weiterhin fränkisch geprägt blieb, gibt es bedeutsame Indizien. Ein Indiz für diese Annahme ist u.a. die Häufung der Ortsnamen auf „-ingen". Das gemeingermanische Suffix ist nicht, wie früher angenommen, ein fränkisches Alleinstellungsmerkmal, nach dem Orte auf „-ingen" fränkischen und „-inghausen" sächsischen Ursprungs[97] und die jeweils einem „Volk" zuzuordnen sind. Eine sehr detaillierte umfangreiche Dissertation aus dem Jahr 2015[98] kommt dennoch zu

---

[97] So u.a. Hesse, J.: „Drolshagen – Bilder einer Stadt", Drolshagen 1977

[98] Emundts, Andrea: „-Ingen-Siedlungen in ihren philologischen und historischen Bindungen. Das Beispiel des Dreiländerecks (Luxemburg, Frankreich, Deutschland)". Saarbrücken, 2015

dem Ergebnis: „Insgesamt darf wohl von einer starken Verbreitung des -ingen-SN-Typus (Siedlungsnamen-Typus, der Verf.) durch die Franken gesprochen werden.“[99]

Ein weiterer bis heute wirksamer Grund ist das Wendsche Platt, das als Reliktmundart ein niederfränkischer Dialekt, besser: ein niederdeutsches Moselfränkisch ist[100]. Eine intensivere Untersuchung mit einem Vergleich der westfälischen Übergangs-Mundarten von Olpe und Drolshagen, dem Siegerländischen aus der unmittelbaren Nachbarschaft des „Ferndorftals“ in unmittelbarer Nachbarschaft des Wendener Landes, dem Oberbergischen und dem Wendschen Platt zeigt erste Ergebnisse, die auf eine eindeutig höhere Verwandtschaft der Wendschen Mundart mit dem Nordsiegerländischen als dem Westfälischen oder nordniederfränkischen Bergischen verweisen, wenngleich auch Übergänge und Gemeinsamkeiten eines Dialektkontinuums nicht ausbleiben. Auf das hohe Alter dieser Sprache verweist die Annahme, dass es eine niederdeutsche Variante des späteren Moselfränkischen ist und damit vor der zweiten Lautverschiebung bereits gesprochen wurde. Das wäre einmalig im gesamten deutschen Sprachraum.

Die Sachsen, die im 6. – 8. Jahrhundert von Norden nach Süden vordrangen, haben auch das Sauerland neu besiedelt und ihre Neusiedlungen sowie ältere, übernommene Siedlungen mit ihren Namen - vornehmlich „-inghausen“ - benannt. Ein maßstabsgerechter Abgleich der nach Angaben von W. Winkelmann, 1983, erstellten Karte über die Nord-Süd-Ausdehnung der Ausbreitung der Sachsen im 6.

---

[99]*Emundts, A. 2015, S. 95 In einem Exkurs weiter unten werde ich genauer auf die Ortsnamenbildung mit dem Suffix „-ingen“ eingehen.*
[100] *Eine ausführliche Begründung für die Hypothese liefere ich in dem kleinen Buch „Das Wendsche Platt - Eine Ermittlungsreise zu den Quellen“, BoD 2021. Diese Andeutungen müssen hier erst einmal genügen. Zentrale Hinweise folgen weiter unten.*

– 8. Jahrhundert mit einer aktuellen Karte zeigt, dass die Neubesiedlung bis Olpe und Drolshagen gegangen ist, das Wendener Land und
der äußerste Westen des Drolshagener Landes nicht mit einbezogen
waren. Dem würde der Verbleib des Wendener Landes in einer fränkisch geprägten Kultur einschließlich Sprache und Realerbteilung,
aber auch die Häufung der vor allem von den Franken vorgenom-
menen Benennung von Siedlungen mit dem Suffix „-ingen" entspre-
chen. Im Blick in des Drolshagener Land wären hier auch Dirkingen
und Steupingen mit einzubeziehen.

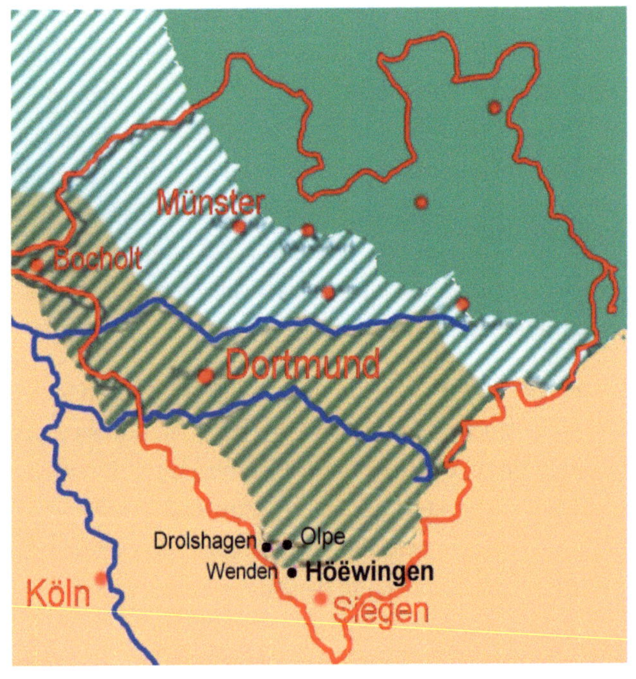

Ausbreitung der Sachsen in Westfalen

Sachsen - im 5. Jahrhundert

Sachsen – im 6. – 8 Jahrhundert

Fränkisches Reich - 6. – 7. Jahrhundert

URL: www.westfaelische-geschichte.de/med513 Internet-Portal "Westfäli-
sche Geschichte" - Ergänzt durch den Verfasser

Es ist nachzuvollziehen, dass von den sächsischen Neusiedlern erst die fruchtbareren Gebiete im Kreis Olpe wie die Attendorner Kalksenken, die zudem auch klimatisch besser für Ackerbau geeignet waren, neu oder zusätzlich besiedelt wurden. Dabei blieb die äußerste Peripherie an der südlichen Grenze zum Siegerland, aber auch möglicherweise der äußerste Westen des Drolshagener Landes von diesem Siedlungsvorgang weitgehend ausgeschlossen[101]. Es scheint, dass im Wendener Raum keine durchgehende Durchmischung der siedelnden fränkischen Bevölkerung mit den sächsischen Neusiedlern stattgefunden hat.

Ein weiterer Nachweis für die fränkische Besiedlung ist die bereits erwähnte, bis in die Neuzeit praktizierte Real(erb)teilung, die im Wendener Land zu immer mehr, aber kleineren Grundstücken geführt hat[102]. Das vorhandene Erbe wurde unter den Erbberechtigten aufgeteilt. Dieses Erbrecht wurde südlich einer Linie Aachen – Bonn – Erfurt praktiziert, während nördlich davon das Anerbenrecht Geltung hatte. Nach letzterem wurde der im Familienbesitz befindliche Hof ungeteilt an den ältesten männlichen Erben übergeben. Diese auch als Höfeordnung bezeichnete Form geht geschichtlich auf die Erbschaftsregelungen der Sachsen zurück. Sie gilt im Kreis Olpe durchgehend, bis auf das Wendener Land.

---

[101] *Ähnliches ist auch für das nordwestliche Siegerland zu beobachten, da sich im dortigen Dialekt Formen erhalten haben, die nur bedingt der zweiten Lautverschiebung folgten. Auch das Siegerland im Gebiet von Freudenberg weist Orte am Süd- bzw. Südosthang auf, die auf „-ingen" enden, die aber auch wüstgefallen sind.*
[102] *Auf Flurbereinigung und Separation im 19. Jahrhundert kann hier nicht eingegangen werden.*

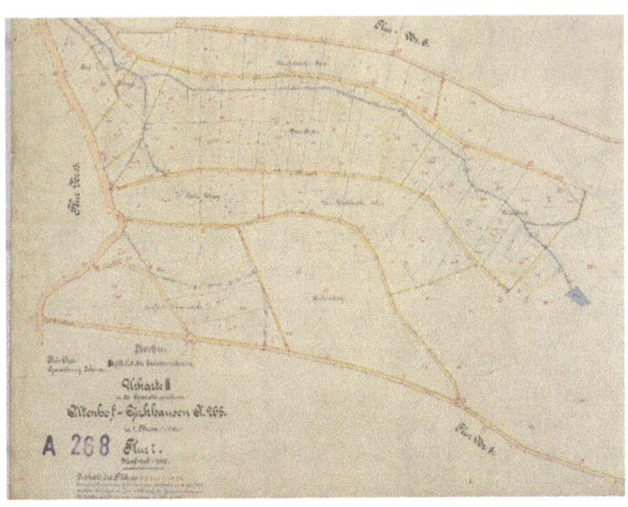

*Kleinteilige Grundstücke durch Realteilung „Vorm Wiehbruk" vor
der Separation; Preußische Urkarte*

Allerdings müssen wir uns auch von der eher durch nationalstaat-
liches Denken geförderten Vorstellung der durch große undurch-
dringbare Grenzwälder scharf abgegrenzten Gebiete germanischer
Stämme verabschieden. Darauf macht u.a. der Leiter der Archäologischen Außenstelle Münster Dr. Christoph Grünewald aufmerksam,
der aufgrund seiner archäologischen Forschung „ein sehr diffiziles
und differenziertes Bild der Verhältnisse in Westfalen"[103] fordert. Er
nimmt eine bemerkenswerte Relativierung des alten, eher von einer
nationalen Perspektive gewonnenen Bilds der Besiedlung Westfalens
und damit auch des Südsauerlandes vor: „Unser Schulbuchwissen –
auf der einen Seite Franken, auf der anderen Seite Sachsen und da-
zwischen nichts – bildet nur einen Teil der Wirklichkeit ab. Für die

---

[103] *Grünewald, Christoph: „Archäologie des frühen Mittelalters vom 5. bis zum 9.
Jahrhundert in Westfalen" Manuskript eines Vortrages anlässlich des Tages der
Westfälischen Geschichte am 24.04.2004 in Herne S. 84*

Frühzeit ist unser Raum wohl kein Vakuum, in das von Westen Franken und von Norden Sachsen einwanderten, sondern – wie im Übrigen auch ganz West- und Süddeutschland – eher eine multikulturelle Gesellschaft mit einer einheimischen Restbevölkerung, ergänzt durch Franken, Sachsen, Friesen und Thüringer, selbst gotische Funde sind bekannt ... Für die Bevölkerung auf dem flachen Land wird Koexistenz eher die Regel gewesen sein als Konfrontation."[104]

Rückschlüsse

Ein neuzeitlicher Vergleich zeigt in einem Rückschluss auch, dass die Beharrungskräfte einer vorhandenen Kultur einschließlich Sprache und sozialen Regelungen, wie sie von einer Mehrheit getragen werden, stärker sind als die möglichen Veränderungen durch die Hinzugekommenen. Die Vielzahl der Flüchtlinge und Vertriebenen nach dem zweiten Weltkrieg hat im Wendener Land weder die Sprache, das heimische Platt, noch kulturelle Gepflogenheiten wie Schützenfest oder Kirmes oder den Umgang miteinander verändert. Das gleiche gilt auch später für Migranten aus dem Bereich des ehemaligen Ostblocks. Hier wie dort hat es auch Vereinigungen gegeben, die ihre Herkunftssprache und Gebräuche pflegten, ohne dabei die lokale Mehrheitsgesellschaft wesentlich zu beeinflussen[105]. Vielmehr ist

---

[104] Grünewald, Ch. 2004, S. 94
[105] Ein Beispiel: Die besondere schlesische Bratwurst wurde traditionell und ausschließlich an Heiligabend und Silvester von Schlesiern verzehrt, hat aber nie Eingang in die regionale Küche gefunden. Heute wird sie kommerzialisiert (fälschlicherweise) als „Schlesische Weißwurst" in der Vorweihnachtszeit vermarktet.

eine vermehrte Assimilierung der Zugezogenen zu verzeichnen anstelle einer Akkomodation, was eine Veränderung des ganzen Systems betreffen würde[106].

Der Blick auf das Kölsche Heck, das eigentlich als Nassau-Siegener Landhecke bezeichnet werden müsste, da sie von dort und nicht von Kurkölner Seite errichtet wurde[107], hat in der Vergangenheit die Abgrenzung zum Siegerland stark in den Fokus genommen. Sicherlich trennt die Ortsgrenze, Gemeinde- und Kreisgrenze zwei historisch unterschiedliche Bereiche einschließlich der Sprachgrenzen (Isoglossen), politischer und konfessioneller Unterschiede.

Aber schon Otto Lucas wies 1941 auf die kulturellen Verflechtungen des Wendener Landes mit dem nördlichen Siegerland hin[108]. Und so undurchdringlich, wie Heinzerling die Grenzwälder zwischen Sauer- und Siegerland beschrieb, waren sie wohl doch nicht, zumal eine weitgehende Entwaldung durch den Raubbau der Kelten zu Holzkohlegewinnung vollzogen war. Geht man heute den auch historischen Weg von Altenwenden nach Bockenbach und Krombach und

---

[106] *Vgl. Wolf, Walter „HeimatNeuDenken", BoD 2021 im Rückgriff auf Piaget: „Bei der Assimilation bleibt das System erhalten und das neue Element wird, hier Menschen, sich diesem System anpassen. Die Veränderung vollzieht sich bei dem Individuum. Die andere Form wird Akkomodation genannt. Dabei verändert sich das System als Ganzes, der Blickwinkel aller Beteiligten wird erweitert, das System hat mehr Ressourcen." S. 134*

[107] *Eine umfangreiche Landhecke, auch als Landwehr oder Landfestung bezeichnet, umschloss etwa seit Mitte des 15. Jhds. bis Mitte des 17. Jhds. das Siegerland in weiten Teilen zum Schutz gegen feindliche Überfälle. Die Grenze zum kurkölnischen Herzogtum Westfalen (Kölsches Heck) wurde besonders stark befestigt. Hauptursache dafür war die Soester Fehde (1444-1449), in der die Stadt Soest ihre Freiheit gegen den Erzbischof von Köln behauptete. (Quelle: Sauerland in Südwestfalen - https://www.sauerland.com/Media/Attraktionen/Historische-Grenzuebergang-Holzklauer-Schlag)*

[108] *Auf die Beziehung zum Siegerländischen wies auch Norbert Scheele bereits 1939 hin. In Scheele, Norbert in Heimatblätter Olpe Nr. 9-12/Sept.-Dez. 1939, Heimatstimmen Olpe F 75/1969, S. 122f*

dann weiter nach (Burg-) Holdinghausen, wird man keine tiefen Vertalungen erleben, wie andernorts entlang der Grenze. Und allein auf Altenhofer Gebiet sind 4 Übergänge (Schläge) verzeichnet, durch die auch im Mittelalter der Verkehr und die Beziehungen miteinander möglich waren, darunter der bis ins Mittelalter wichtige Heerweg, heute noch aktiver Weg bei Altenhof [109].

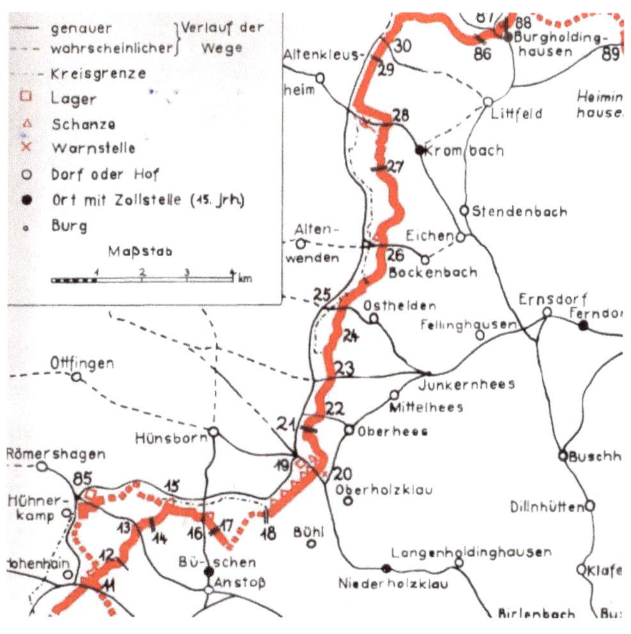

Schläge / Übergänge Kölsches Heck auf Altenhofer Gebiet
21: Ausfallpforte; 22 Oberheeser Schlag; 23 Schlag am Heerweg;
24 Am Feldschlag; 25 Osthelder Schlag; 19 Holzklauer Schlag, z.T.
erhalten; 26 Bockenbacher Schlag
Vom Schlag am Heerweg geht der heute noch aktive Weg
Richtung Dörnschlade, keine 100 m an der Wüstung Höewingen
vorbei.

[109] U.a. Siebel, Gustav: „Die Nassau-Siegener Landhecken", Siegen 1963

Und dass dabei auch die rechtlichen und ökonomischen Regelungen ihren Platz haben, weist das Beispiel des Bernhard von der Muntze aus Holdinghausen auf. Eine Fülle weiterer Elemente kann zeigen, dass das Wendener Land und das nördliche Siegerland eine historische, kulturelle, ökonomische, wenn auch nicht politische Einheit bilden. Und dann verwundert es nicht, dass auch die Sprachen ähnlich geblieben sind, sieht man einmal von der – auch sehr bedeutenden – Lautverschiebung ab.

Der Hoff – was aus Höëwingen wurde und was blieb

Gehen wir zurück in die Geschichte:

Fakten

Wir sind nun bei der dritten Siedlungsphase, die um die und nach der Jahrtausendwende zu verzeichnen ist und die neue Entwicklungen brachte. Nachdem die besten Siedlungsstellen eingenommen worden waren, blieb nur begrenzt Raum für weitere Rodungen oder Neusiedlungen im unmittelbaren Umfeld der Siedlungen, die aufgrund der Realteilung notwendig waren. Hier sind wir dann auch bei Alten-Hof.

Indizien

Wenn wir die drei möglichen und bevorzugten frühmittelalterlichen Standorte von Siedlungen auf Altenhofer Grund betrachten, Kortenbeke, Höëwingen und die (ebenfalls mögliche, nicht nachgewiesene und benannte) Siedlung an der Hartmanns Eiche, ist eine jeweilige hofnahe Ausweitung nicht möglich, auch weil sie eventuell unterschiedlichen Lehnsherren zugehörig waren. Bekannt und dokumentiert ist Kortenbeke als Herforder Lehen, ebenso bekannt ist, dass der Wiehbruk im Besitz der Elsper Vögte war und an die Kirche zu Wenden übergeben wurde. Auch ist nachvollziehbar, dass das Gelände im Dicken Berg und im Hüttenbruch dem in Wenden ansässigen Bernhardt von der Mundtze gehörten, der wiederum zu dem (Siegerländer) Holdinghauser Adel angehörte und nicht zuletzt ist der Bucheler Hof in Altenwenden Hatzfelder Besitz, also zu Wildenburg (saynischripuarisch) gehörig. Das Gericht Hünsborn wiederum war sächsischer Waldenburger Bereich. Wenn wir nun zusätzlich die Zeit mit der höchsten Anzahl wüstgefallener Höfe im Sauerland betrachten, das 14. und 15. Jahrhundert, dann haben wir auch die Zeit der Pest, die Kaltzeit, auch kleine Eiszeit genannt, die marodierenden Raubrittertrupps, die vor allem an den Grenzen ihr (Un-) Wesen trieben. Es gab viele Gründe, sich zusammenzuschließen.

Möglicher Standort einer weiteren aufgegebenen Siedlung unter
der „Hartmanns Eiche"- „Vorm Schlag"
Im Hintergrund mögliche Ackerterassen. Im Vordergrund flaches Wiesen-
stück mit (namenlosem) Bachlauf als Standort

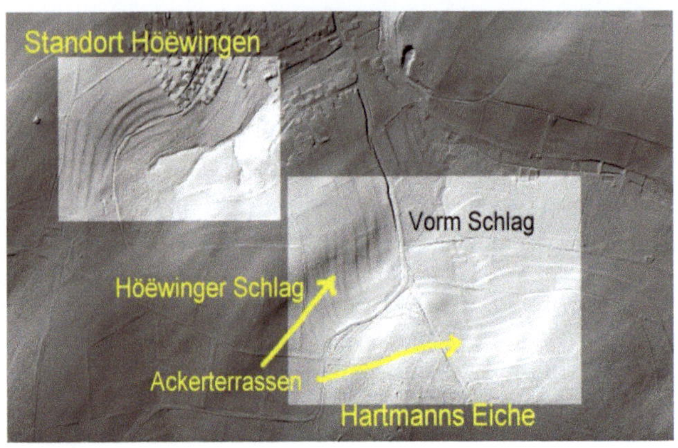

Profil des Standortes „Vorm Schlag" - Anhöhe des Höëwinger Schlags und der Hartmanns Eiche mit Ackerterassen; ausgeprägte flache Stelle am Bachlauf; Bezeichnung „Vorm Schlag" in Urkarte von 1841

Rückschlüsse

Ich gehe daher davon aus, dass die Höfe vom „olden Have" nicht einfach verlassen wurden, sondern dass ein Zusammenschluss auf dem Gebiet des heutigen Dorfes erfolgte, der zur Zeit der Ersterwähnung von Kortenbeke bereits vollzogen war. Dies passt in die Wendsche Tendenz der Verdorfung, das heißt, dass sich statt der Weiler und Kleinsiedlungen zunehmend Haufendörfer bildeten. Die ringförmige Anlage des Kerndorfes Altenhof (heute noch mit Ringstraße) und die schon bei der ersten Schatzung 1536 relativ hohe Zahl an Personen lässt vermuten, dass sich dieses Dorf bereits im früheren Mittelalter gebildet hatte. Für eine völlige Neubildung wäre die Personenzahl zu groß, daher ist auf den Zusammenschluss aus oder mit den vorhandenen Siedlungen zu schließen. Da Kortenbeke als Gemarkungs-

bzw. Flurname geläufig war (und ist), und der Hof von dem Gewässer her seinen Namen bekommen hatte, könnte nur der andere Hof oder die Siedlung „Höëwingen" als Namensgeber fungieren[110].

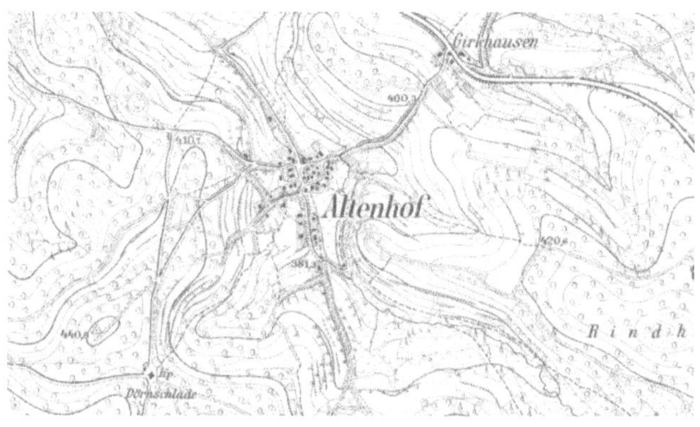

Auszug Altenhof 1898 aus Messtischblatt Wenden
Topographische Karte (Messtischblätter); 5013,1898
Beschreibung: Wenden. - Aufn. 1897. - 1:25000.(im Original) -
[Berlin]: Reichsamt für Landesaufnahme, 1898. - 1 Kt.
37 Hausstellen; in 360 Jahren 18 mehr als im Schatzungsregister
1536; betonter Dorfkern um die Ringstraße

Zwar haben die Siedlungsnamen auf „-ingen" eine hohe Laufzeit – die ältesten stammen aus der Zeit um 400 n.Chr. –, was heißt, dass sie über einen sehr langen Zeitraum verwendet werden, aber das Suffix wurde möglicherweise nicht mehr in seiner Bedeutung verstanden. Das gleiche gilt u.a. auch für das germanische Wort „ber" für Wald, in Hünsborn (Hünschbern) oder in Hauberg oder Dicker Berg noch gebräuchlich: gebraucht, aber nicht mehr verstanden[111].

---

[110] *Weiter unten werde ich eine weitere schlüssige Variante vorstellen*
[111] *Was sich u.a. an der voreiligen Deutung des Ortsnamens Hünsborn in Bezug auf eine Quelle, einen Born, erklären lässt. Hier hilft auch die plattdeutsche Variante, die das zweisilbige Wort auf der ersten Silbe betont, während der zweite Ort mit*

Damit ist nachvollziehbar, dass in den Akten der Wendener Kirche bis ins 16. Jahrhundert immer nur von „Hoff" die Rede ist.

So kann zwar die Flur seitens des Hünsborner Hofes als „Hövinger Schlag" bezeichnet werden, ohne dass jemand dies als „das zu (einem) Hof gehörige Gelände, auf dem Holz geschlagen wurde", verstehen konnte. Da aber Ortsnamen nahezu sakrosankt sind, wurden sie auch nicht aufgegeben und als Zusatz zu einem Flurnamen weiter gebraucht. Einen Flurnamen „Höëwingen" gibt es aber nicht, sieht man von den Zuordnungen des Schlages als „Höëwinger Schlag" ab. Nun könnte Folgendes geschehen sein: Der neue Ort, aus einem Konzentrations- und möglicherweise auch Neurodungsvorgang entstanden, ließ die Endung „ingen" fallen und blieb nur „Hof".[112] A. Emendt verweist in konkreten Beispielen zu Siedlungsnamen auf einen wiederkehrenden Verlust des „ingen-Suffixes" in den westfränkischen Dialekten, was auch im Fall von Höëwingen geschehen sein kann[113]. Möglich ist nun, dass im 16. Jahrhundert die Erinnerung an die ursprüngliche Siedlung „Höëwingen" geblieben ist und man von dem „alten Hof" im „Wäldchen" wusste, sodass als Präzisierung gegenüber öffentlichen Stellen oder in juristischen Regelungen nicht einfach der Hof – das waren ja Deplingen oder Stendenbecke auch -, sondern von dem alten Hof die Rede war. Geblieben ist jedoch in der Sprache der Wendschen, insbesondere der westlichen Nachbarn der Siedlung der Name Höëwingen, und zwar für den gesamten Ort, nicht mehr nur für die aufgegebene Siedlung. Schlüssig ist, dass daraus der neue Siedlungsname Hoff und dann Alten-Hoff wurde.

Born im Wendener Land – Rothenborn – auf der ersten und der dritten Silbe betontont wird und damit auch einer späteren Entstehungszeit zugeordnet werden kann.
[112] so Emundts, A. 2015: „Allerdings wird dieses Suffix zwar gebraucht, aber nach einer gewissen Zeit nicht mehr im ursprünglichen Sinne verstanden." A.a.O. S. 180
[113] Emundts, A 2015, u.a. S 529 und 1042

Gibt es andere Gründe außer diesen Vermutungen, die nicht einmal Rückschlüsse sind? Sicherlich. Hier hilft wieder einmal eine sprachwissenschaftliche Analyse.

Analogien

Nach Heinzerling sind die Orte in der dritten Schicht, die in die Zeit von 800 – 1300 terminiert wird, u.a. aus Höfen hervorgegangene Dörfer[114]. Weiterhin: „Nicht minder deutliche Unterscheidungsmerkmale bieten uns die Namen der Orte und vor allem der in der Volkssprache ihnen vorgesetzte Artikel. Wegen der späten Entstehung ist nämlich der Artikel, der bei den zur Namensbildung verwandten Wörtern üblich war, noch nicht in Vergessenheit geraten, sondern wird regelmäßig in der Mundart oft auch in der Schriftsprache noch gebraucht ... Weil nun bei diesen erst später gebildeten Ortsnamen die ursprüngliche Bedeutung des zugrundeliegenden Wortes noch lebhafter im Bewusstsein ist, so werden statt 'in' oft andere der Bedeutung des Wortes entsprechende Verhältniswörter vorgesetzt.“[115] Bei diesen wird „auf dem“ (Heid), unter dem, im (Altenhof) formuliert. Während die zusammengesetzten Siedlungsnamen der zweiten Schicht meist im Dativ stehen, finden wir bei den jüngeren in den Zusammensetzungen den Nominativ.

Wenn man also von den Bewohnern Höëwingens sprechen würde, hieße es: in oder von Höëwingen, während bis heute „vom“ (von dem) oder „im“ (in dem) Altenhof gesprochen wird. Aber Altenhof war mehr als ein Hof.

---

[114] *Heinzerling, J. 1920 S. 13 f*
[115] *Heinzerling, J. 1920 S 14*

Höëwingen – eine „-ingen" Siedlung

Eine weitere Klärung ist über den auf Franken zurückgehenden Siedlungsnamen Höëwingen zu finden. Auffallend ist, dass in einem Streifen an der südwestlichen Grenze des Kreises Olpe fast ausnahmslos seine aktiven und wüstgefallenen Orte mit dem Suffix „-ingen" zu finden sind[116].

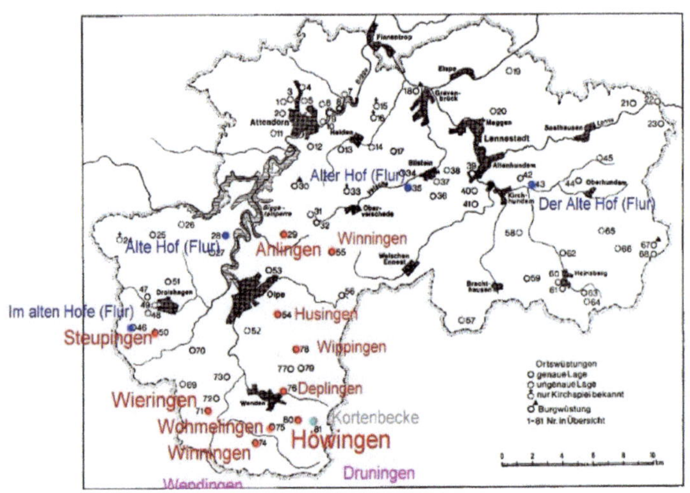

Verzeichnis der Wüstungen mit dem Suffix „-ingen"

Wüstungen mit –ingen-Suffix überwiegend im Wendener Land
wie auch Orte mit diesem Suffix; drei weitere Orte im Siegerland
bei Freudenberg / Oberholzklau unmittelbar an der Grenze.
Vier Flurbezeichnungen „Alter Hof"
Quellen: Becker, G. 1977 / Bergmann, R. 2018

---

[116] *Umfassendere Ausführungen dazu weiter unten*

Fakten

Von den im Kreis Olpe insgesamt 16 Ortsnamen, die auf „–ingen"
enden, finden sich außer Oedingen (Lennestadt) und Dirkingen
(Drolshagen) vier aktive Ortsnamen im Wendener Land. Kreisweit
sind 10 Wüstungen mit dem „–ingen" Suffix verzeichnet, von denen
wiederum sechs im Wendener Land liegen. Nach R. Bermann und J.
Heinzerling sind auch im Siegerland Höfe und Siedlungen zu finden,
deren Bestimmungswort auf „–ingen" endet, und diese liegen nicht
weit von der Grenze zum Wendener Land im Stadtgebiet Freudenberg[117]. Es fällt auf, dass diese „–ingen"-Orte immer in der Nähe von
Wasserscheiden zu finden sind: Oedingen: Lenne – Ruhr; Dirkingen:
Bigge – Agger; die Wendener und Freudenberger Orte und Wüstungen an der Wasserscheide Sieg – Ruhr bzw. Bigge / Lenne/Ruhr -
Wiehl / Agger. Das bedeutet, dass sich diese Orte seit der Erstbesied-
lung in Talendlagen befinden bzw. befanden. Und Talende an Wasserscheiden hieß auch Grenzlagen.[118]

Indizien

Das Suffix „–ingen" ist zunächst ein gemeingermanisches Suffix,
aber im fränkischen Sprachraum besonders häufig und ohne weitere
Endungen wie „–(ing)hausen" im sächsischen Sprachraum. Die
fränkische Besiedlung ohne wesentliche Einflüsse der später zuge-
siedelten Sachsen ist sowohl an der niederdeutschen moselfränkischen Wendschen Mundart als auch der im fränkischen Siedlungs-
raum übliche Realteilung zu begründen[119]. Nach den Angaben des
Archäologen W. Winkelmann sind die Sachsen bei ihrer in Nord-

---

Süd-Richtung verlaufenden Neusiedlung nur bis zur Mitte des Kreises Olpe an die Nordgrenze des Wendener Landes gekommen[120]. Daher hat nach Angabe von Flöer auch Sassmicke den von der südlicher wohnenden, fränkischen Bevölkerung die Bezeichnung „Sachsenbach" bekommen[121]. Das bedeutet, dass das Wendener Land wie auch das weiter südlich gelegene Siegerland, allerdings auch weite Teile des Bergischen Landes, weiterhin fränkisch blieben[122].

Rückschlüsse

Wir sprechen nun über die Zeit bis etwa 700 n. Chr. Zu dieser Zeit war das nach dem Rückzug der Kelten zunächst weitgehend entvölkerte Siegerland wieder besiedelt, und zwar durch den moselfränkischen Zweig der Rheinfranken. Sowohl die Topografie an der Grenze als auch die kirchlichen und politischen Machtverhältnisse zwischen den Bistümern Mainz und Köln, später Nassau-Oranien und Kurköln, ließen ökonomische Beziehungen zu, grenzten aber auch die Bereiche voneinander ab. Ein Austausch mit dem Siegerland – wie in allen Randgebieten – war kulturell möglich, aber politisch erschwert. So können beide Regionen, das Wendener Land und das „Ferndorftaler" Siegerland auf eine gemeinsame Geschichte zurückblicken, die erst durch eine zunächst kirchlich-politische Herrschaft der Bistümer Mainz und Köln, deren Grenze mit der Gemeindegrenze Wendens zum Siegerland übereinstimmt, später die Herrschaftsbereiche Nassau-Oranien und Kurköln, die durch das Kölsche Heck getrennt waren, bestimmt[123].

---

[120] *Die Ausbreitung der Sachsen in Westfalen in: www.lwl.org/westfaelische-geschichte*
[121] *Vgl. Flöer, M. 2014 "Sassmicke" S. 212*
[122] *Siehe dazu auch die Grafik weiter oben.*
[123] *Eine Kuriosität: Die katholische Kirchengemeinde Oberholzklau wurde 1345 von Otto II. Graf von Nassau an den Erzbischof Walram zu Köln verkauft. 1360 wurden sie wieder in den Besitz des Nassauer Grafen Johann I., Sohn des Otto II. überführt*

Die Folge daraus war eine beiderseitige eigenständige kulturelle Entwicklung nach gemeinsamer Quelle. Dies zeigt sich u.a. darin, dass zwar im Siegerland zwei Varianten der moselfränkischen Mundart zusätzlich eine besondere Form in der „Stadt", für Siegerländer immer die Stadt Siegen, gesprochen werden, aber diese Mundart als Ganzes die Lautverschiebung weitgehend mitgemacht hat. Anders die Wendsche Mundart, die niederdeutsch ist. Ein Vergleich der Mundart des Nordsiegerländischen, gesprochen u.a. im Gebiet der Stadt Kreuztal, mit dem Wendschen Platt zeigt in Worten, Grammatik und Aussprache viele Parallelen, aber eben auch die Unterschiede vor und nach der Lautverschiebung. Auf die Verweise von Lucas und Scheele zu dem gemeinsamen Kulturraum habe ich bereits verwiesen.

Präzisierung des Suffix „-ingen" - Bestandteil des Siedlungsnamens von Höëwingen

Was aber hat es mit der Endung „-ingen" in dem Siedlungsnamen Höëwingen auf sich? Welche Schlüsse auf eine frühe Besiedlung lassen sich daraus ziehen[124]?

---

und damit unter den Schutz von Erzbischof Gerlach Graf von Nassau. Die Nachfolgegemeinde Freudenberg gehörte bis in die Mitte der 70-ger Jahre des 20. Jahrhunderts zum „kölschen" Dekanat Olpe. Auch hier war eine fruchtbare Zusammenarbeit z.B. in der kirchlichen Jugendarbeit zu verzeichnen.

[124] Lange Zeit wurde das Suffix „-ingen" mit dem Volk der Franken identifiziert, so Hesse, J., 1977 in „Drolshagen – Bilder einer Stadt". Das gilt nach dem heutigen Wissensstand nicht mehr in dieser Absolutheit, sondern bedarf einer Präzisierung und Eingrenzung.

Fakten

Wie bereits ausgeführt, ist die Endung (Suffix) „–ingen" in allen germanischen Sprachen verbreitet. Entstanden ist sie aus dem althochdeutschen „heiminga", was so viel bedeutete wie Heimgenosse, Heimleute, aber auch als Gattungsbegriff das Personenkollektiv „Heimgenossenschaft". Daraus wurde der Begriff „heimingi" (Neutrum) abgeleitet, was mit „Heimat, Ort, wo jemand wohnt" übersetzt werden kann. Danach hat sich die Endung „-ingi" zu einem eigenen Suffix entwickelt, um Wohnstätten zu bezeichnen. Über den Umweg über Personengruppenbezeichnung wurde die Endung zur Bildung von primären Siedlungsnamen gebraucht. Es ist die einzige Endung mit dieser Bedeutung im Germanischen[125]. Auf das hohe Alter dieser Endung weist auch Anderson hin. Er geht davon aus, dass diese Endung in Skandinavien bereits in der Wikingerzeit Anwendung gefunden hat[126].

Dies wird auch in der Analyse von Andrea Emundts über die „-ingen-Siedlungen in ihren philologischen und historischen Bindungen"[127] detailliert dargelegt. Emundts hat in ihrer umfangreichen Analyse archäologische Befunde, historische Dokumente und philologische Rückschlüsse in Verbindung gebracht und dabei ein besonderes Augenmerk auf die Franken gerichtet. Sie weist auf, dass diese eine bedeutende Rolle bei der Verbreitung des -ingen-Siedlungsnamen (SN)-Typs gespielt haben.

Typisch für Siedlungen des „-ingen-Typus" ist nicht nur ihr hohes Alter, sondern auch die lange Laufzeit des Suffixes. „Allerdings wird dieses Suffix zwar gebraucht, aber nach einer gewissen Zeit nicht mehr im ursprünglichen Sinne verstanden."[128] Im süddeutschen

---

[125] *Wolf, W. in „HeimatNeuDenken" BoD 2021; in der Folge von Anderson, Th. 2004*
[126] *Anderson, Thorsten 2004 S. 16*
[127] *Emundts, A. 2015*
[128] *Emundts, A. 2015 S. 1832*

Raum war das Suffix in althochdeutscher Zeit (im 9. Jahrhundert) noch produktiv, im niederdeutschen Raum sogar noch bis ins hohe Mittelalter, teilweise bis in die Neuzeit[129]. Für Westfalen, und damit für unsere Region, gilt, dass die „-ingen-Namen" „wohl als alt bzw. der älteren Zeit angehörig anzusprechen sind"[130]. In Einzelfällen ist allerdings auch eine Analogiebildung festzustellen wie bei Gelslingen (Drolshagen), das erst später durch Anpassung einen „-ingen-Namen" bekam[131].

Indizien

Der Siedlungsname Höëwingen gehört einer frühen Siedlungsnamensschicht an. Aufgrund der eher abgelegenen Mittelgebirgslage ist von einer späteren Phase der fränkischen Besiedlung auszugehen, jedoch zu einer Zeit, in der das niederdeutsche (Mosel-)Fränkisch dominante Sprache war, also vor der zweiten Lautverschiebung, was bedeutet: vor 800.

Der Siedlungsname ist ein Gattungsbegriff mit der „-ingen" Endung. Der Appellativ „Hof" ist das Bestimmungswort, das durch „-ingen" zu einer Ortsbezeichnung wird. Nach Flöer kommt der Gattungsname „hof" im Kreis Olpe wiederkehrend als Bestimmungswort für einen Ortsnamen in Betracht, allerdings ans Ende gesetzt[132].

Rückschlüsse

Zu schließen ist nun, dass das Wendener Land fränkisches Siedlungsgebiet und die Siedlung, die Höëwingen genannt wurde, eine

---

[129] *Die Autorin führt eine Reihe von Beispielen aus ihrer Untersuchungsregion, dem Dreiländereck, auf*
[130] *Emundts, A. 2015 S. 1832*
[131] *Flöer, M. 2014 „Gelslingen" S. 105*
[132] *Flöer, M. 2014 S. 269*

fränkische Gründung ist. Als möglicherweise frühmittelalterliche Siedlung befand sich Höëwingen in der Quellmuldenlage, einer für fränkische Siedlungen typischen Tallage. Für den Ackerbau der agrarischen Siedlung sprechen die Ackerterrassen. Die Höhenlage und die klimatischen Bedingungen ließen keinen über den eigenen Bedarf hinausgehenden Ertrag auf den Äckern zu, allerdings ist mit Viehzucht zu rechnen. Von Bedeutung ist auch, dass der „-ingen" - Name der Siedlung bis heute aktiv ist für den Namen und die Zugehörigkeit zur größeren und wahrscheinlich späteren Siedlung „Hof" bzw. Altenhof.

Eine Präzisierung- Altenhof kein Hof, sondern...

In der Studie zu den Ortsnamen im Kreis Olpe geht der Autor Michael Flöer von einer Deutung des Namens als „beim alten Hof" aus. In dem Verweis auf historisch dokumentierte Nennungen des Ortsnamens beginnt er mit den beiden Schatzungsregistern von 1536 und 1543. Dass aber bereits 120 Jahre früher in Dokumenten des Klosters Herford ein Hof Kortenbeke genannt wird, der nach weiteren 100 Jahren „ton olden Have" zugeordnet wird, ist ihm offensichtlich nicht bekannt. Auch die Siedlung „Hövingen", die nach Becker wüstgefallen war, kommt in der Veröffentlichung nicht vor, wie auch andere wüstgefallene Siedlungen im Wendener Land[133].

---

[133] *Die Namen der Wüstungen im Wendener Land wie auch in den benachbarten Gebieten sind bis heute in den allermeisten Fällen noch als Flurnamen erhalten. Dies gilt für „Besmicke" an einem Ottfinger Bach; „Deplingen" – Wenden: „In der Dipplinge"; „Herkesseifen" – „Vor dem Härkerwäldchen" in Gerlingen; „Hustadt" – „die Hustadt" (Hausstätte) bei Girkhausen; „Stendenbecke" – Stemmicke zu Wenden; „Wieringen" – Flurname Wieringen bei Brün; „Wohmelinge" – Wohmelingen bei Ottfingen; „Kortenbeke" – Kortemicke in Altenhof.*

Fakten

Flöer schießt aus dem Grundwort „Hof", dass der Ort aus einem Einzelhof entstanden ist, der bis zum 16. Jahrhundert zu einem Dorf geworden ist. Die Bedeutung des Bestimmungswortes „alt" ist nach seiner Meinung nicht mehr festzustellen, wie es bei anderen Siedlungsnamen mit „alt" auch der Fall ist. „In Verbindung mit einer Hofbezeichnung könnte das BW (Bestimmungswort, der Verf.) ursprünglich der Abgrenzung von einer oder mehreren anderen, neueren Hofstellen gedient haben, etwa nach einer Hofteilung oder bei Ausweitung der Siedlung. Doch das bleibt eine Vermutung."[134]

In der Erläuterung zum Grundwort „-hof" führt Flöer später aus, dass dieses auf das altsächsische, mittelniederdeutsche „hof" im Sinne von „Gehöft, Bauernstelle" zurückgeht. Er bezieht dies auf ein altsächsisches, mittelniederdeutsches, althochdeutsches, mittelniederländisches, altfriesisches und altnordisches Grundwort „hof". Zudem verweist er auf eine Beobachtung, die an niedersächsischen Ortsnamen gemacht wurde, dass „-hof" mehrfach erst in jüngerer Zeit erscheint und ein anderes Grundwort ablöst und dies auch im Kreis Olpe wie auch in anderen Teilen Westfalens zutreffe.

Geht man davon aus, dass die Bildung des Ortsnamens westfälisch ist, wie im übrigen Kreis Olpe, trifft die Beweisführung von Flöer zu. Aber: die Sprache im Wendener Land ist nicht westfälisch, sondern ein niederdeutscher moselfränkischer Dialekt[135]. Und damit ergibt sich eine weitere und wahrscheinlichere Möglichkeit der Herkunft dieses Ortsnamens, insbesondere auf die wiederkehrende kurze

---

[134] *Flöer, M. 2015 „Altenhof" S 25*
[135] *Siehe dazu die ausführliche Begründung in meinem Buch „Das Wendsche Platt – eine Ermittlungsreise", BoD 2021.*

Form „Hoff" oder „Huaf" oder „Hove", also ohne das Bestimmungswort „alt".

Indizien

Das Rheinischen Wörterbuch beschreibt neben Formen und Bedeutungen zu „hof", die auch im Westfälischen so oder ähnlich Bestand haben könnten, eine Besonderheit. Danach kennt das Fränkische das Wort „hof" auch für eine kleinere Siedlung, aus Häusern und Bauernschaften bestehend, während die Ortschaft, in der die Kirche steht, also z.B. der Hauptort Wenden, „dorp" genannt wird. Dies ist u.a. für das Oberbergische, z.B. Lindlar, für den moselfränkisch geprägten Bereich um Morsbach oder für das Altenkirchener Land (Busenhausen) dokumentiert. In der bergischen niederfränkischen Mundart spricht man vom „hoff, im Dativ -hōəf, Pl. höəwən"[136]. Hier heißt es u.a. auch, wenn die am Rande des Dorfes Wohnenden in den Ort gehen „gohn en den Hof" oder „romlöpen en den Hof", womit immer die Ortschaft gemeint ist. Die Menschen, die im unteren Teil der Siedlung wohnten, „die Lü ongen im H. sind die Öngerhöəwer u. die Lü oəwen im H. die Öawerhöəwer."[137] Und im moselfränkisch geprägten Teil von Morsbach an der Grenze zwischen dem niederfränkischen Oberberg, dem moselfränkischen Siegerländisch und dem Ripuarischen des Wildenburger Landes heißt einer der Wenker Sätze[138]: „In unserem Dorf müssen wir Eier ohne Salz und Pfeffer

---

[136] *Rheinisches Wörterbuch [Bd. 3, S. 741]*
[137] *Rheinisches Wörterbuch [Bd. 3, S. 741]*
[138] *Georg Wenker hat in den Jahren 1876 bis 1887 Fragebogen mit vorformulierten hochsprachlichen Sätzen an Schulen verschickt, um sie dort über die Lehrer von lokalen und den heimischen Dialekt sprechenden Gewährspersonen ausfüllen zu lassen. Ihm ist es gelungen, einzelne Sprachlandschaften zu definieren und damit einen ersten deutschen Sprachatlas zu schaffen. Die von ihm formulierten Sätze werden heute noch verwendet. Auch Wiemers hat im „Heimatbuch für das Amt Wenden" diese benutzt. (Wiemers, F. o.J. S. 130 f)*

essen" im dortigen Dialekt: „En uffem Hof mösse mer de Eier ohne Salz on Peffer ässe"[139].

Rückschlüsse

So ist durchaus nachvollziehbar, dass der ursprüngliche Name des Ortes „Hoff" war, wie es die Dokumente aus der Wendener Kirche nahelegen und wie es – mit Berücksichtigung der Hierarchie – heißt „ton olden Have in dem Kerspel to Wenden" heißt[140].

Im Grimmschen Deutschen Wörterbuch ist ein weiterer Hinweis gegeben, der die Selbstnennung als Höëwingen bzw. die Nennung vor allem durch die südlich der Uerdinger Linie[141] liegenden Nachbarorte Hünsborn und Ottfingen erklären könnte. Im Grimmschen Wörtbuch wird zitiert: „mehrere solche höfe machten eine bauerschaft aus, die gewöhnlich den namen des ältesten und vornehmsten hofes führte."[142] Geht man von dem Namen des Hofes oder der Siedlung „Höëwingen" aus, ist diese wohl die ältere. Und dies würde auch in Abgrenzung zu dem oben angegebenen Heinzerling erklären, warum es heißt „zum Hoff". Dann meint nämlich „in den Hof gehen" „ins Dorf gehen". Setzt man dies in Verbindung mit dem in diversen fränkischen Ortsnamen weggefallenen Suffix „-ingen"[143], ist eine Siedlung namens „Hoff", Hof oder Varianten erklärbar.

---

[139] https://de.wikipedia.org/wiki/Mundarten_in_Oberberg
[140] Bemerkenswert ist auch, dass der niederfränkische und moselfränkische Begriff für „Haufen" ebenfalls „hof" sein kann, was wiederum einen Bezug zum „Haufendorf" geben könnte, also ein „Hof-Dorf".
[141] Den Bezug zur Uerdinger Linie werde ich später aufgreifen.
[142] Kindlinger bei Immermann Münchh. 1, 145; zitiert nach: Deutsches Wörterbuch von Jacob und Wilhelm Grimm. 16 Bde. in 32 Teilbänden. Leipzig 1854-1961. Quellenverzeichnis Leipzig 1971. Online-Version vom 29.12.2020. Bd. 10, Sp. 1656
[143] Siehe oben

Bemerkenswert ist auch, dass diejenigen, die Höëwingen als Ortsbezeichnung bevorzugen, sagen, dass jemand „üt Höëwingen" kommt, während diejenigen mit der Präferenz Altenhof „vamm Ahlenhoff" sprechen. Erstere beziehen sich damit auf die ältere Variante aus der zweiten Siedlungsperiode, während die zweite Variante den Ort nach der Gewohnheit der dritten Siedlungsperiode mit dem Artikel nennt.

Das Wendsche Platt - Rückschlüsse auf eine frühe fränkische Besiedlung

In meinen Untersuchungen zum Wendschen Dialekt, die ich an dieser Stelle nicht präzisieren kann, komme ich auch zu dem Schluss, dass das Wendsche Platt eine bisher von der Forschung nicht benannte Form einer niederdeutschen Mundart mit eindeutigen moselfränkischen Quellen ist, die über ein Dialektkontinuum weit hinausgehen, also ein niederdeutsches Moselfränkisch. Ich habe dies u.a. an dem Gebrauch des „mej" für „wir", an grammatischen Eigenheiten, einer Wortgeografie und Lautbildungen aufgezeigt. Der interessierte Leser mag dies in der entsprechenden Abhandlung nachlesen.[144]

Nur so viel sei erwähnt: Übereinstimmung besteht in der Dialektforschung darin, dass das Wendsche Platt eine niederdeutsche fränkische Mundart ist. Das ist an vielen Begriffen, die es in Abgrenzung zum Westfälischen sowohl im Siegerländischen als auch im Bergischen gibt und die auch als typisch Wendsch angesehen werden, nachzuvollziehen. Dabei sind nicht die Übernahme einzelner Begriffe, die es im Dialektkontinuum immer gibt, sondern die Regelmäßigkeit des Gebrauchs, die wiederkehrende und gleichförmige

---

[144] *Wolf, Walter: Wendsches Platt – BoD 2021*

Veränderung gemeinsamer Begriffe und Ausspracheidentitäten von Bedeutung, auch über die unmittelbaren Nachbardialekte hinaus[145]. Zudem habe ich die – abgesehen von der zweiten Lautverschiebung - hohe Ähnlichkeit bis zur Identität mit dem Nordsiegerländischen, das Heinzerling und J. und W. Grimm als „Ferndorftaler" bezeichnen, aufgewiesen.

Aus dieser Eigenart des Wendschen Platts als Niederdeutsch und Moselfränkisch ist zu schließen, dass das Wendener Land bereits vor der zweiten Lautverschiebung dauerhaft besiedelt war. So ist auch Quieter zuzustimmen: „Wäre ein Großteil der mittelalterlichen Besiedlung tatsächlich auf sächsische Neusiedler zurückzuführen, so hätten diese die Tradition des Anerbenrechts mitgebracht, zumal dies den eher kargen Bodenverhältnissen weit mehr entgegengekommen wäre."[146]

Wie aber kommt es zu einer solch hohen Ähnlichkeit des Wendschen Platt zum Siegerländer Platt. Hier müssen auch wir auf andere Quellen, als die sprachwissenschaftlichen zurückgreifen. Noch einmal: Otto Lucas verweist in seinem Werk zum Kreis Olpe darauf, dass das Wendener Land „seine stärksten Impulse in der kulturlandschaftlichen Entwicklung vom Siegerland erhalten"[147] hat, was unter anderem mit der vorherrschenden Realerbteilung erklärt wird. „Auch in den Ortsformen, in den mehr oder minder großen Haufendörfern, ähnelt diese Landschaft dem Siegerland. Nur in den Ortslagen, Vorherrschen der Quellmuldenlagen, macht sich der andersartige orographische Charakter der flachwelligen Hochflächen bemerkbar"[148].

---

[145] *All dies gilt für das Wendsche Platt in Bezug auf das nordwestsiegerländische Moselfränkisch.*
[146] *Quieter, R. 2012*
[147] *Lucas, Otto a.a.O. S.118*
[148] *Lucas, Otto a.a.O. S.118*

R. Quieter verweist in seinen Ausführungen zu „Wenden in Mittelalter und Früher Neuzeit"[149] auf die vielfältigen Beziehungen und Lehensverhältnisse zum Siegerland. Der Fokus auf eine rigide Abgrenzung ist erst in der Frühen Neuzeit entstanden, nachdem das Kölsche Heck, eine politisch-ökonomisch-militärische Befestigung zwischen Hessen-Nassau und Kurköln, errichtet wurde, die neben der politischen auch eine bis in das 20. Jahrhundert hinein wirksame konfessionelle und von hier aus auch kulturelle Grenze war. Dabei wird häufig außer Acht gelassen, dass es eine Vielzahl von „Schlägen", also nur teilweise kontrollierte Übergänge an der Befestigung gab[150]. Zudem liegen Dokumente über die gemeinsame Nutzung der Grenzwälder als Viehhude vor[151]. Auch Fernwege wie der meist unbeachtete Heerweg, der die Siedlung Höewingen nur etwa 100 m entfernt streift, waren Verbindungen der Regionen. Wir können also davon ausgehen, dass der Wendener und der Siegerländer Dialekt zumindest eine gemeinsame Wurzel haben.

Wenn nun das Wendsche Platt ein Reliktdialekt ist, das die zweite Lautverschiebung nicht mitgemacht hat, das fränkisch ist, das in der Lautbildung und den Begriffen gegenüber den Nachbardialekten hohe Eigenständigkeit besitzt, muss es eine Sprache sein, die ihre Wurzeln in der Mitte des ersten Jahrtausends hatte[152]. Da es diese Sprache aber nirgends sonst in dieser Ausprägung gibt, ist der Schluss zulässig, dass das Wendener Land seit der Mitte des ersten Jahrtausends besiedelt wurde und als Teil des fränkischen Reichs

---

[149] *Quieter, R. a.a.O. S 53 f*

[150] *Siebel, G. a.a.O. S. 15 f*

[151] *Lucas, O. a.a.O. S.36 f*

[152] *Das heißt natürlich nicht, dass das Wendsche Platt unverändert seit dem 7 Jahrhundert geblieben ist, sondern sich auch in der Kommunikation mit den Nachbarn, mit dem Aufkommen von technischen, ökonomischen und kulturellen Erneuerungen gewandelt hat.*

dessen Sprache und kulturelle Eigenheiten übernommen – und eben bewahrt hat.

Was nun? – Höëwingen, Hoff oder Altenhof- Versuch einer Conclusio

Die vorliegende Untersuchung zur Frühgeschichte des Dorfes Altenhof nutzt zum Nachweis einer fränkischen Siedlungsgründung „Höëwingen" eine sprachanalytische Methode mit Berufung auf J. Heinzerling und Charlotte Rein, nach der im Gedächtnis einer Mundart ursprüngliche Bezeichnungen von Siedlungen und Flurstücken tradiert werden, auch wenn die originäre Bedeutung nicht mehr bekannt ist. Ausgehend von dem Faktum, dass bis heute der Ort und die Bewohner im Alltag mit einer Siedlung „Höëwingen" in Verbindung gebracht werden und sich auch selbst dort verorten, werden weitere Fakten und Indizien genutzt, um im Sinne eines „induktiven Schlusses" eine „beste Erklärung" zu finden, aus der auf eine allgemeine Gesetzlichkeit[153] geschlossen werden kann.

Die dieser Untersuchung zugrundeliegende Hypothese ist, dass dem Ortsnamen Altenhof eine wüst gefallene Siedlung namens „Höëwingen" zugrunde liegt. Diese Siedlung ist fränkischen Ursprungs und datiert in die Zeit vor der zweiten Lautverschiebung.

Aufgewiesen werden konnte die Existenz von Höëwingen, die Benennung des Ortes als „Hof" und die Veränderungen zu „Altenhof". Zur Bestätigung der Hypothese wurden Indizien genannt und in Beziehung zu den vorliegenden Fakten gesetzt sowie Rückschlüsse gezogen, die zu einer „besten Erklärung" führten.

---

[153] *Vgl. dazu Ernst, Gerhard: „Einführung in die Erkenntnistheorie", Darmstadt 2016 S. 25*

Das Ergebnis ist kurz zusammengefasst: Der Ort Altenhof, der im Mittelalter bis ins 16. Jahrhundert nur „Hoff" genannt und erst in juristischen Dokumenten als „alter Hof" benannt worden ist, wurde vor dem 14. Jahrhundert als Haufendorf in ringförmiger Anlage gebildet. Es gehört der dritten Siedlungsperiode an, während die nicht bzw. indirekt dokumentierte Siedlung „Höёwingen" während der zweiten Siedlungsperiode entstand. Offensichtlich im Rahmen eines Konzentrationsvorgangs, bei dem auch andere Höfe auf Altenhofer Gebiet aufgegeben wurden, fiel diese Siedlung wüst. Der Name dieser Siedlung als „Ort, wo ein Hof steht" wurde auf das Dorf übertragen und ist bis heute aktiv.

Die zeitliche Einordnung der Siedlung Höёwingen erfolgt über Eigenheiten der Wendener Mundart. Es kann aufgewiesen werden, dass das Wendsche Platt eine niederdeutsche Variante des Moselfränkischen ist und das Wendener Land in sprachlicher und kultureller Hinsicht stark mit dem benachbarten Siegerland verbunden war. Im Unterschied zum Siegerland wurde in der Wendener Mundart die zweite Lautverschiebung nicht vollzogen. Trotz der unmittelbaren Angrenzung an das Westfälische, Ripuarische, Ostbergische und Siegerländische im Rheinischer Fächer hat sich die Mundart konsequent in ihrer Eigenart erhalten. Daher, so konnte aufgewiesen werden, musste das Wendener Land schon vor der zweiten Lautverschiebung dauerhaft – fränkisch - besiedelt gewesen sein.

Die Neubesiedlung des südlichen Sauerlands durch Sachsen erreichte das Wendener Land nicht, sodass hier moselfränkische Sprache und kulturelle Gepflogenheiten wie die Realteilung erhalten blieben. Dazu wurde auf die auffallende Häufung der „-ingen"-Siedlungen im Wendener Land verwiesen, was in diesem Fall ein Indiz für fränkische Siedlungsgründungen ist.

Das bedeutet auch, dass die Fluren des „Altenhof" wohl bereits im dritten bis vierten Quartal des ersten Jahrtausends so dauerhaft besiedelt wurde, dass diese Siedlung einen Namen erhielt. Und dieser hat sich bis heute gehalten, vor allem durch die Tradierung in der heute noch für Viele aktiven Mundart.

Für diese Analyse gilt wie für alle wissenschaftlichen Untersuchungen, dass sie nur vorübergehend wahr ist, bis neue Erkenntnisse, veränderte Prämissen oder Schlussfolgerungen vorliegen. Insofern ist meine „Ermittlung" nicht abgeschlossen, sondern Aufforderung, weiterzudenken oder meine Annahmen zu widerlegen. Ich wünsche mir, dass sie mit Kompetenz und Fairness erfolgen. Also, was ist mit „Einspruch, Euer Ehren"? Auf einen lebendigen Diskurs freue ich mich.

Höëwingen oder Höëbbingen?

Und was ist mit dem Ort aus dem Herrn der Ringe, mit Hobbingen und Höëbbingen? Es würde zu weit führen, jetzt zum Schluss noch einmal „ein Fass aufzumachen" und die Eigenarten der Wendschen Mundart ein weiteres Mal zu referieren. Nur ein kurzer Vergleich: der Drolshagener sagt zu Stiefel (pl) „stiwweln", während es im Wendschen Platt die „stäebbelen" sind, im Siegerländischen sind es „stewel" und im weiteren Moselfränkischen überwiegend „stiwel", aber auch „stibel". Ein Grund dieser Variante liegt in den im Wendschen Platt oft als Mittellaut gesprochenen Labialen (Lippenlauten) „w" und „b", wie es u.a. auch für „Hafer" gilt: siegerländisch-mitteldeutsch „haawer" ebenso im Olper Platt „Hawer", während es im Wendschen „haber" heißt – wie gesagt, ein Mittellaut zwischen „w" und „b". Dies ist auch bei der in Dokumenten vorzufindenden Schreibweise der Wüstung Wormelinge bei Ottfingen zu finden: einmal heißt es Wohmelinge, ein anderes Mal Bohmelinge.

Eigentlich ist es nun gleich, ob Höëwingen oder Höëbbingen. Jedenfalls ist sicher, dass der Vater meiner Tochter kein Hobbit ist. Und nun ist es am Leser, sein Urteil zu fällen.

LITERATURVERZEICHNIS

Anderson, Thorsten: *Die Suffixbildung in der altgermanischen Toponymie* in „Suffixbildungen in alten Ortsnamen – Akten eines internationalen Symposiums in Uppsala 14. – 16. Mai 2004" Uppsala 2004

Archiv Herdringen: *Lagerbücher von Waldenburg und Hengstebeck*, Nr. 1537

Becker, Günther: *Die Wüstungen des Südsauerlandes* in: Heimatstimmen aus dem Kreise Olpe, Heft 28 – 45; Olpe, 1957 - 1961

Becker, Günther: *Siedlungsgeschichte des Repegebietes bis zur frühen preußischen Zeit*; in: Höffer, Otto: *Das Repetal. Zur Geschichte der Kirchspiele Helden und Dünschede* Attendorn 2008

Becker, Günter: *Das spätmittelalterliche Wüstungsgeschehen im Südsauerland* in: *Landeskundliche Beiträge und Berichte der Geographischen Kommission für Westfalen*, 1977   Münster 1977

Bergmann, Rudolf: *Die Wüstungen des Hoch- und Ostsauerlandes* Darmstadt 2015

Bergmann, Rudolf: *Ortswüstungen im Kreis Siegen-Wittgenstein* in: *Archäologie in Westfalen* Langenweißbach 2018

Böhler, Karljosef u.a.: *Wenden – Einblicke in die Geschichte* Wenden 2012

Darpe, Franz: *Codex Traditionum Westfalicarium IV*
                                 Münster 1960

Denecke, Dietrich: *Wüstungsforschung als kulturland-
                                 schafts-und siedlungsgenetische Struktur-
                                 forschung* in: Siedlungsforschung Archäo-
                                 logie-Geschichte-Geographie Bd. 1

Emundts, Andrea: *-Ingen-Siedlungen in ihren philologischen
                                 und historischen Bindungen. Das Beispiel
                                 des Dreiländerecks (Luxemburg, Frank-
                                 reich, Deutschland)* Saarbrücken 2015

Finck, Johannes J.W   *Chronika Drolshagensis*   Drolshagen 1902

Flöer, Michael: *Die Ortsnamen des Kreises Olpe*   Bielefeld
                                 2014

Grünewald, Christoph: *Archäologie des frühen Mittelalters vom 5.
                                 bis zum 9. Jahrhundert in Westfalen*
                                 Manuskript eines Vortrages anlässlich des
                                 Tages der Westfälischen Geschichte am
                                 24.04.2004, Herne 2004

Heinzerling, Jakob: *Die Siedlungen des Kreises Siegen* Verlag
                                 des Vereins für Heimatkunde und Hei-
                                 matschutz im Siegerlande samt Nachbar-
                                 gebieten, Siegen 1920

Hesse, Josef: *Drolshagen - Bilder einer Stadt*
                                 Drolshagen 1977

Hist. Komm. Westfalens: *Westfälische Schatzungs- und Steuerre-
                                 gister Band 2 -Die Schatzungsregister des
                                 16. Jahrhunderts für das Herzogtum West-
                                 falen - Teil* 1 - Die Register von 1536 und
                                 1565, Münster 1971

Hömberg, Albert K.   *Wo stand die älteste Pfarrkirche des Olper Landes?* In: Heimatstimmen aus dem Kreis Olpe 27. Folge Nr. 2 Olpe 1957

Kaufmann, Karl Heinz   *Wo die Wendschen wohnen* Wenden 2001

Klein, Antonius   *Siedlungs- und Kulturgeschichte bis zum Hochmittelalter* in Böhler, Karljosef u.a.: *Wenden – Einblicke in die Geschichte,* Wenden 2012

König,   Werner: *dtv-Atlas Deutsche Sprache* 14., durchgesehene und aktualisierte Auflage, München 2004

Lucas, Otto: *Das Olper Land* Münster 1941

Quieter, Raimund: *Wenden in Mittelalter und Früher Neuzeit* in Böhler, Karljosef u.a. Wenden 2012

Rheinisches Wörterbuch: *digitalisierte Fassung im Wörterbuchnetz des Trier Center for Digital Humanities, Version 01/21,* <https://www.woerterbuchnetz.de

Scheele, Norbert: *Rezension des Siegerländer Wörterbuchs* Heimatblätter Olpe Nr. 9-12/Sept.-Dez. 1939 Olpe 1939

Scheele Norbert: *Vom Hofesgericht in Hünsborn* In: Heimatstimmen aus dem Kreis Olpe 96/97 Olpe 1974

Scheele, Norbert: *Geschichtliches über Hünsborn* in Wiemers, Fritz „Heimatbuch des Amtes Wenden" Wenden o.J.

Siebel, Gustav: *Die Nassau-Siegener Landhecken*
                                    Siegen 1963

Staatsarchiv Münster: *Herforder Güter, Akten Nr. 627 von 1416*

Steuer: Heiko: *Standortverschiebungen früher Siedlun-
                                    gen* in Althoff, Gerd u.a. (Hrsg.): *Person
                                    und Gemeinschaft im Mittelalter*
                                    Sigmaringen 1988

Uelsberg, Gabriele: *Germanen eine archäologische Bestands-
                                    aufnahme* Darmstadt / LVR Landesmu-
                                    seum Bonn 2020

Wermert, Josef   *Zeitleiste*
                                    https://docplayer.org/159471658-Zeit-
                                    leiste-von-josef-wermert.html

Wiemers, Fritz: *Heimatbuch des Amtes Wenden*
                                    Wenden o.J.

Wolf, Walter: *HeimatNeuDenken* Norderstedt 2021

Wolf, Walter   *Das Wendsche Platt - eine Ermittlungs-
                                    reise* Norderstedt 2021

Bildnachweis:

Quelle der abgebildeten Karten, sofern nicht unmittelbar
angegeben: www.geoportal.nrw.

Messtischblätter: Deutsche Fotothek Topographische Karte
(Meßtischblätter); 5013,1898; Das Werk ist gemeinfrei.

Die Fotos im Text stammen vom Verfasser. Foto des Autors: Birgit
Engel, Olpe. Frontcover: Peter Wolf (+), 1954 (Vater des Autors)